KB057684

세계의
분쟁

08

서 울 대 학 교
통일평화연구원
평 화 교 실

이찬수
홍미정
김재명
김영미
이문영
김철민
구갑우

지음

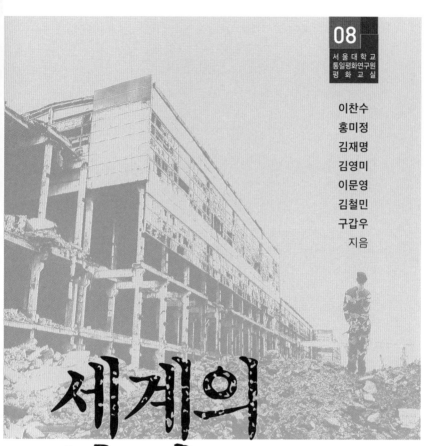

세계의 분쟁

평화라는 이름의
폭력들

돌베개 모시는사람들

평화 담론의 대중적 확산을 기대하며

서울대학교 통일평화연구원에서는 한국연구재단 HK(인문한국) 사업의 일환으로 한반도발 평화인문학을 정립하는 연구를 하고 있습니다. 인류의 희망이라 해도 과언이 아닐 평화에 대해 다양한 분야의 연구자들이 함께 학제적이고 융합적으로 연구함으로써, 평화를 새로운 문명의 중심축으로 삼는 작업입니다.

특히 남·북간에 서로를 겁박하고 전쟁 위협에 시달리면서도 통일과 평화를 지향하는 모순이 공존하는 한반도는 세계가 공감할 만한 평화론을 다질 수 있는 최적의 실험실입니다. 한반도는 동양의 깊은 정신문화와 서양의 기술문명 및 근대적 세계관이 만나고 있는 공간이라는 점에서 더욱 그렇습니다. 이러한 한반도적 상황에서 세상이 왜 폭력으로 점철되고 있는지 그 조건과 원인을 분석하고, 갈등을 줄여 평화로 나아가는 길에 대해 상상하며, 평화를 문화적 차원으로까지 심화시키는 작업은 너무나절실하고 의미 있는 과제가 아닐 수 없습니다.

이러한 문제의식을 가지고 다양한 차원에서 더 많은 이가 공감할 수 있을 따뜻한 메시지를 담은 연작 책 『평화교실』을 순차적으로 출판하고자 합니다. 왜 폭력적인 상황이 지속되는지, 평화란 무엇이고, 평화 연구와 실천은 어떻게 해야 하는지, 학문적 깊이와 대중적 공감을 조화시켜서, 더 많은 이들과 평화 생각과 평화 감성을 나누고자 합니다. 평화에 대해 상상하는 이들이 많아질수록 평화는 좀 더 구체적인 모습을 드러낼 수 있기 때문입니다.

평화로운 문명을 건설하려는 시도보다 더 절실하고 심원하며 장기적인 과제가 또 있을까요. 『평화교실』이 평화에 인간의 얼굴을 입히고, 우리 사회를 평화로운 삶으로까지 이어주는 작은 징검다리가 되었으면 좋겠습니다. "평화를 원한다면 평화를 준비하라(Si vis pacem, para pacem)."는 평화학의 슬로건을 되새겨야 할 때입니다.

서울대학교 통일평화연구원장
임경훈

분쟁은 어디에서 오는가

벤저민 프랭클린이 이런 말을 한 적이 있다: "좋은 전쟁이나 나쁜 평화는 있어 본 적이 없다." 평화를 이상적인 의미로만 사용한다면, 당연한 말이라 할 수 있다. 평화는 좋은 것이지 나쁜 것이 아니고, 수많은 사람이 죽어 나가는 한 전쟁은 결코 좋은 일일 수 없겠기 때문이다.

하지만 현실에서 평화가 이상적인 의미 그대로, 그것도 지속적으로 이루어지는 모습을 보기는 힘들다. 평화라는 말이 회자되기는 하지만, 그만큼 실제로 평화로웠던 적은 별로 없다. 현실에서는 평화도 자기중심적으로 다시 말해 자신에게 유리하게 만들려 시도하면서, 평화라는 이름의 갈등이 생기고, 나아가 분쟁, 심지어 전쟁으로까지 이어진다. '거룩한 전쟁'이니 '성전'(聖戰)이니 하는 표현이 어색하지 않은 것도 그러한 이유에서이다.

이 책의 1장에서 다루고 있지만, 그 자기중심적 태도의 근간에는 정체성(identity)의 문제가 놓여 있다. 자기정체성을 유지, 강화, 정당화하려는 시도가 다른 이의 정체성에 대한 도전으로 비치면서 여러 정체성들끼리 부딪치는 경우가 많다. 민족, 종교, 정치적 자기중심주의의 근간에는 저마다의 정체성이 놓여 있는데, 여러 정체성들이 충돌하면서 분쟁 상황 속으로 내몰리게 되는 것이다. 평화라는 이름으로 갈등하는 이유도 대체로 이와 같다. 프랭클린의 표현을 빌리면, 현실에서는 사실상 '나쁜 평화'가 작동하고 있는 것이다.

어떤 사태를 자기에게 유리하게 이끌려는 시도는 개인만 하는 것이 아니다. 집단이나 국가도 그렇게 한다. 진짜 평화를 추구해야 할 것 같은 종교도 분쟁을 조장하곤 한다. 국가 단위에서 정치권력이 기존 민족이나 종교 정체성들을 자기의 목적에 맞게 이용하면서 급기야 전쟁이라는 사태로 몰아가기도 한다. 이 책에서 다루는 다섯 분쟁 지역(2장 이스라엘-팔레스타인 / 3장 시리아 / 5장 우크라이나와 크림반도 / 6장 보스니아 / 7장 아일랜드)과 분쟁 전반에 관한 기록(4장)은 이러한 사실을 잘 보여주는 사례들이다. 거대 정치 세력이 다른 종교 혹은 민족적 정체성을 자신에게 유리하게 이용하는 과정과 종교, 인종, 민족 등이 복잡하게 얽혀 서로 부딪히는 모습이 짧지만 분명하게 정리되어 있다. 특히 보스니아(6장)나 북아일랜드(7장)의 복잡한 정치 지형은 분쟁의 특징을 더 잘 보여준다. 이 책은 거대 정치권력, 주류 종교, 소수 민족이나 인종주의, 좀 더 근본적으로는 종교적 정체성 혹은 민족주의와 관련한 여러 입장들이 충돌하는 과정을 간결하게 정리한 일종의 세계분쟁사이다.

분쟁(conflict)의 원인과 양상은 다양하고, 범위도 넓다. 기존의 사회적 균형 관계가 깨져서 구성원들이 동요하고 혼란스러워진 상황이 분쟁이라면, 심리적 갈등이나 법적 분규도 분쟁이고, 종교, 이념, 영토를 둘러싼 논쟁도 분쟁이다. 집단적 무력 충돌도 분쟁의 일부이다. 분쟁이 국가 간 군사 충돌로까지 이어지면 전쟁(war)이라 말하지만, 분쟁과 전쟁을 명확히 구분하기는 어렵다. 이 책에서도 필자별로 분쟁과 전쟁을 혼용하고 있는데, 다툼의 경중에 대한 필자의 해석적 판단이 개입될 수밖에 없다는 뜻이다.

당연한 말이겠거니와, 분쟁은 없거나 줄수록 좋다. 그러기 위해서라도 그 원인과 실상을 있는 그대로 성찰해야 한다. 이 책은 이러한 취지를 가지고 서울대학교 통일평화연구원에서 주최한 평화아카데미(2018년 가을)의 강의문을 단행본의 취지에 맞게 재구성하며 보완한 결과물이다. 당시 40여 명의 대학생, 20여 명의 대학원생, 중등학교 교사 등 모두 70여 명이 매주 한 차례씩 8주에 걸쳐서 각 지역 전문가와 함께 세계에서 벌어지고 있는 각종 분쟁의 원인과 분쟁을 둘러싼 국제정치적 상황에 대해 진지하게 생각하는 시간을 가졌다. 사건이나 사례 중심의 쉽고 생생한 강의도 있었고, 분쟁 배후의 이론이나 국제정치적 역학 관계를 주로 다룬 전문적 강의도 있었다. 강사와 학생 간 대화의 시간이 늘 부족했을 만큼 강의실의 분위기는 매주 뜨거웠다.

여러 가지 강의와 토론이 이어졌지만, 기본 시각과 취지는 한결같았다. 갈등과 분쟁의 상황을 있는 그대로 드러내고 원인을 분석함으로써 수강생들에게 인류사의 폭력적 속살을 들여다보게 해준다는 점이었다. 그 결과물을 단행본으로 출판했으니, 이번에는 독자가 각종 분쟁의 원인을 국제정치적 환경에서부터 인간의 내면에 이르기까지 전방위적으로 상상하면서 평화의 길로 한 걸음 더 나아가는 작은 계기가 될 수 있기만 바랄 뿐이다.

모든 원고의 문장을 교정하고 체제를 통일하면서 출판에 이를 수 있도록 갖은 수고를 도맡아 주었던 문영란 씨(방송작가)에게 감사의 마음을 전한다. 강의문이 원고로 거듭나고 또 책으로 출판될 수 있도록 지원해 준 서울대학교 통일평화연구원 통일교육 선도대학팀에도 감사드린다.

필자를 대표하여

2019년 6월

이찬수

21세기 최악의 참극, 시리아 전쟁 / 김재명

평화를 꿈꾸며: 다큐멘터리 피디가 바라본 전쟁 / 김영미

포스트소비에트 지역 분쟁: 우크라이나 사태와 러시아의 크림반도 합병을 중심으로 / 이문영

보스니아 내전, 냉전 종식이 불러온 새로운 전쟁 / 김철민

아일랜드섬 평화협정 20년: 아일랜드섬이 한반도에 주는 교훈은 무엇일까? / 구갑우

분쟁의 심층*
: 정체성 갈등과 평화의 논리

이 찬 수

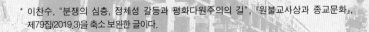

* 이찬수, "분쟁의 심층, 정체성 갈등과 평화다원주의의 길", 「원불교사상과 종교문화」,
제79집(2019.3)을 축소 보완한 글이다.

1. 아이덴티티

"정체성이 의심스럽다."

"정체가 뭐야?"

흔히 하거나 듣는 말이다. 정체성이란 상당 기간 일관되게 유지된다고 간주되는 자기만의 고유한 성질을 의미한다. 자기를 자기되게 해주는, 말하자면 자기동일성이기도 하다. 이때 '자기만의 고유한 성질'도 타자와 지속적으로 공유하며 변화 및 형성된다는 사실도 중요하다.

정체성에 대한 고민은 오래되었지만, 학계에서 두루 쓰이게 된 데에는 독일에서 나치의 억압을 피해 미국으로 온 심리학자 에릭슨(Erik H. Erikson)의 영향이 크다. 정치적 폭력을 피해 타지로 옮겨온 에릭슨이 낯선 곳에서 자신의 뿌리를 고민하고 학문화하는 과정을 통해 정체성은 심리학의 주요 개념이 되었다. 정체성을 뜻하는 영어 아이덴티티(identity)가 우리말로는 동일성으로 번역되기도 하듯이, 정체성의 추구는 지속적 자기 동일성의 확보로 이해되는 경향이 있다. 나의 정체성에는 어제의 나와 오늘의 내가 동일하고, 내일도 같을 것이라는 생각이 기본으로 깔려 있다.

문제는 그러한 동일성이라는 말 속에 동일성 외부의 이질성을 거부하는 경향이 들어있다는 것이다. 가령 미국 백인의 정체성은 흑인과는 구분되는 백인만의 지속적 동일성으로 인식되면서 흑인을 거부해왔고, 남성의 정체성은 자신을 여성과 분리시키고 나아가 여성을 차별해왔다. 흑인을 배제하며 백인의 정체성을 확인해왔고, 여성을 차별하며 남성의 정체성을 확보해온 것이다. 비슷하게 일본 제국주의는 한국 및 아시아인을 차별하고 정복하며 일본적 정체성을 확인해왔다. 타자를 배제하며 정체성의 이름으로 동일성을 추구해온 것이다. 자신의 정체성을 기준으로 '차이'를 '틀림'으로 규정하고, 자신을 위해 타자를 배척하거나 주변부로 몰아낸다.

2. 정체성과 자기중심성

지속적 동일성의 근간에는 '자아'가 놓여있다. 자아 중심적 사유, 이른바 자기중심성은 타자와의 사이에 경계선을 그으며 동일성이라고 여겨지는 것을 지속한다. 경계선 밖의 타자 또는 집단과 스스로를 구별하면서 자신의 정체성을 확인한다. 자기중심성은 자신의 본질이라 여겨질 만한 것―욕망 자체든 욕망의 대상이 되는 재물이나 명예든―이 지속되기를 바라는 욕구와도 연결된다. 자신 안에 들어 있는 이데올로기와도 관련이 있다. 자기정체성은 자신의 이데올로기가 지속될 뿐만 아니라 강화되기를 바라는 욕구와 연결되며 유지되고 있는 것이다.

이때 자기중심성은 다름을 인정하면 자신이 흔들리거나 무너질 것 같은 불안감의 표현이기도 하다. 너스바움(Martha C. Nussbaum)이 『혐오와 수치심』(Hiding and Humanity: Disgust, Shame, and the Law)에서 잘 분석하고 있듯이, 이러한 자기중심성의 뿌리는 깊다. 그것은 유아기, 나아가 엄마의 자궁 속 기억에까지 소급된다. 모든 것이 완벽하게 갖추어져 있던 태중에서의 기억은 출생 이후에도 남아 있지만, 현실은 그 기억과 달리 작동된다. 모든 것이 자기중심적이던 모태에서의 기억과는 달리 현실은 끝없이 자신의 유한성을 폭로한다. 여기서 혼란이 온다.

아이는 이러한 유한성을 인정하기가 힘들다. 자신도 동물적 유한성을 벗어나기 힘들다는 사실을 거부하고 사실상 허구와도 같은 완전성을 고집한다. 그러한 허구적 유한성을 폭로하는 사람이나 행위에 대해 공격적으로 대응한다. 아이가 떼쓰고 울며 보채는 경우가 대체로 그에 해당한다. 자기중심주의라는 것도 심리학적으로 이런 배경에서 지속된다.

물론 아이라고 해도 저항하기만 하는 것은 아니다. 고모리 요이치(小森陽一)가 『인종차별주의』(レイシズム)에서 적절히 정리하고 있듯이, 아이는 원치 않지만 일차 집단인 어른의 말에 동의할 수밖에 없다는 사실을 알아간다. 그러면서 동의하는 이들을 중심으로 '우리' 개념이 형성된다. 우리 의식 혹은 집단의식이 형성되는 것이다. 모든 집단은 집단대로 저마다의 집단 정체성을 공유한다. 이 정체성은 다른 집단과 스스로를 구별시키거나, 나아가 다른 집단을 수용하지 못하는 태도의 원인이기도 하다. 개인들의 정체성들이 서로 부딪히듯이, 집단들의 정체성들도 애당초 서로 부딪힐 가능성을 함축한다.

3. 혐오와 희생양

갈등은 이러한 '정체성들(identities)' 간의 충돌로 발생한다. 갈등의 일종인 혐오(disgust)의 문제도 마찬가지이다. 혐오는 자기동일성이라고 여겨지는 것의 외부에 있는 것들이 자기정체성을 오염 또는 훼손시킬 수 있다고 간주하는 데서 발생한다. 자신의 오염과 정체성 훼손을 거부하는 감정이 혐오이다. 혐오는 자신과 타자 사이에 경계선을 긋고 타자를 경계선 밖으로 몰아낸다. 오염물을 경계 밖으로 밀어내야 자신의 순수함이 보존된다고 믿기 때문이다. 개인적인 차원이든 집단적인 차원이든, 혐오도 일종의 자기 정체성을 전제한다.

자신의 정체성을 위협할 만한 대상을 마치 별종처럼 간주하거나 인간과 동물의 중간 지점 즈음에 위치시키기도 한다. 너스바움이 거론했듯이, '나치'를 인류학적으로 특수한 별종으로 보고, 나치의 만행을 별종이 저지른 특별한 행위라고 간주함으로써, 자신은 나치와 본질적으로 다르다고 규정하는 것이 그 사례이다.

이러한 혐오의 문제에 지배집단이 개입하면 사태는 더 커진다. 지배집단이 견인하며 형성되는 혐오의 힘은 강력해서, 그 힘 안에 있는 이들은 더 자신감 있게 자기 밖의 타자를 차별한다.

혐오의 대상이 되는 이들에게 저마다의 방식으로 낙인을 찍다가, 이 혐오물의 문제가 더 커지면 집단의 결속을 위해 혐오물을 희생양으로 만들어 간다.

지라르(René Girard)가 『폭력과 성스러움』(La Violence et le Sacre)에서 규정했듯이, 희생양은 폭력의 방향을 하나의 대상으로 돌려 공동체 전체를 폭력으로부터 보호하려는 문화적 장치다. 일종의 희생제의를 통해 여러 가지 분쟁의 원인을 희생물에게로 집중시키고 공식적으로 희생시킴으로써 집단적 정체성을 유지하고 강화한다. 자기정체성 혹은 집단 정체성에 기반한 혐오가 갈등은 물론 분쟁의 원인으로까지 작용하는 것이다.

굳이 혐오라는 감정까지 가지 않더라도, 자기우월감이나 자기중심적 자세들이 모이면 분쟁 및 전쟁으로까지 이어진다. 가령 존 다우어(John Dower)는 『무자비한 전쟁』(War Without Mercy)에서 2차 세계대전 당시 일본인과 미국인 사이에 서로에 대한 적대 의식이나 인종적 편견 혹은 자기 우월감과 자기중심적 역사관 등이 작동하면서 전쟁을 더 비참하게 몰아갔다고 진단한 바 있다. 공격성을 정당화하는 사람들끼리 결속하면서 상대방에 대한 공격성을 다시 부추기고, 저쪽의 악마적 집단이 정상적인 우리를 공격해 온다며 적개심을 조장하는 방식인 것이다. 그 과정에 유지 및 강화하고자 하는 것은 집단의 정체성이다. 이렇게 분쟁은 '정체성들'이 대립하는 과정에 더 심화된다. 전쟁의 양상으로 치달을수록 상대방을 더욱더 제거해야 할 대상으로 몰아간다.

4. 자기중심적 집단화와 폭력적 국가

이러한 경로는 개인, 종족/민족, 이념 간 갈등은 물론이거니와 정치적 차원의 분쟁에도 비슷하게 적용된다. 분쟁은 그 근원으로 거슬러 올라가면 자기중심성 혹은 자기정체성의 문제와 연결된다. 자기정체성이 '우리 의식'으로 범주화되면, 그 범주 밖의 존재를 구별하거나 거부 또는 배타하면서, '우리'의 정체성도 강화된다. 그 과정에 타자에 대한 폭력이 특정한 집단 안에서는 마치 정당한 권력처럼 작동하는 것이다.

이것은 민족국가에서 주권의식이 강화되는 과정에서도 비슷하게 나타난다. 구체적 내용에 대해서는 논의의 여지가 있지만, 최소한 구조적 차원은 동전의 양면 관계와 같다. 어떤 권력 안에 있는 이들이 권력의 범위 밖에 있는 이들을 차별하면서 그렇게 차별하는 이들 간에 '공범의식'이 정당화되고, 그 권력 안에서 주권의식이 강화된다는 점에서 그렇다. 차별이 정체성 확립의 동력이 되는 것이다. 이 과정에서 이른바 민족국가(국민국가, nation state)라는 것도 성립되고 강화된다. 주권의식, 특히 민족적 주권의식의 영향력 밖에 있는 이들을 차별하며 근대 국가도 형성되어온 것이다.

주지하다시피 근대 국가는 국민, 영토, 주권으로 구성된다. 특정 영토 안에서 주권을 가진 거주민이 있을 때 이를 국가라 한다. 이때 눈여겨보아야 할 것은 '주권'이다. 사전적 정의에 따르면, 주권은 '국가의 의사를 최종적으로 결정하는 권력'이다. 그런데 국가 성립의 역사를 보면, 권력, 특히 정치적 차원에서의 권력은 정당화된 폭력의 산물이라 해도 과언이 아니다. 베버(Max Weber)가 『직업으로서의 정치』(Politik als Beruf)에서 말했듯이, 국가라는 것은 압도적 폭력이 다른 폭력을 이기고 그 폭력이 정당화되는 과정에 성립되어 왔다. 그에 의하면, "국가란 정당한 물리적 폭력 행사의 독점을 실효적으로 요구하는 인간 공동체이다."

폭력 자체가 아니라 폭력이 행사될 가능성의 영역 안에 있는 이들이 그 폭력에 대해 묵인·동의·복종하면서 폭력이 정당해지고, 그때부터 폭력은 권력으로 작동한다. 푸코(Michel Foucault)

에 의하면, 폭력을 행사할지도 모른다는 협박만으로도 그 대상을 복종시킬 수 있는 능력이 '권력'이다. 권력은 그 영향력 안에 있는 이들이 폭력의 가능성을 내면화하고 그에 동의하면서 성립된다. 그리고 권력의 영향력 안에 있는 이들이 그 권력에 동의하면서 국가가 형성된다. 약한 힘이 강한 힘에 동의 또는 동화되면서 강한 힘에 의해 국가가 형성되고, 그 강한 힘에 동의한 사람들 중심으로 국가적 공유의식이 형성된다. 그리고 이러한 공유의식에 도전하는 다른 힘을 만나면, 그 힘에 저항하며 공유의식은 더 강화된다.

근대 민족국가의 형성에는 이러한 자기중심적, 타자배제적 심리 장치가 들어 있다. 민족국가 체제 안에 있는 주권자들은 이주민이나 난민처럼 체제 밖에 있는 이들을 차별한다. 차별을 정당화하면서 실질적 공범자들로서의 '우리'라는 정체성도 강화된다.

상황이 변하면 같은 집단 안에서도 이런 도식이 적용되곤 한다. 우리 의식이 강화되어 나가다가도 때로는 그 공유의식을 흔드는 어떤 사건이나 사람이 생기는 경우, 이것을 새로운 적으로 규정하고, 그 적을 배제시키면서 집단을 유지한다. 새로운 적을 찾아 그 적을 배제하는 방식으로 새로운 동료의식이 형성되고,

전체주의화하면서 무자비한 살상으로 이어지기도 한다.

5. 전체주의적 대중의 출현

아렌트(Hannah Arendt)는 『전체주의의 기원』(The Origins of Totalitarianism)에서 국민국가가 찾아낸 친근한 적 또는 자기 편 안에 섞여 있는 적이 유대인이었다고 말한다. 자기와 타자, 배제와 포함의 논리가 작동하는 경계선에서는 자주 '적'이 만들어진다. 유럽에서는 국민의 내부에 속해 있으면서 그 내부에서 찾아낸 대표적인 적이 유대인이다. 프랑스에서 유대인이라는 이유만으로 유대인계 장교를 처벌한 드레퓌스 사건도 같은 구조다.

유대인을 적으로 삼아 형성된 민족의식이 제국주의에 의해 강화되고 확장된다. 아렌트는 범게르만주의가 나치즘의 팽창주의와 전체주의로 귀결되었고, 범슬라브주의에 담긴 민족주의가 소비에트 러시아의 전체주의와 제국주의의 기반이 되었다고 본다. 제국주의는 민족주의 경쟁이 세계적으로 퍼져나간 현상이라는 것이다.

이런 식으로 유럽의 반유대주의는 제국주의로, 제국주의는 다시 전체주의로 이어졌다. 그 전체주의화 과정에서 이른바 민족국가 의식도 강화되었다. 민족의 문제는 앤더슨(Benedict Anderson)이 『상상된 공동체』(Imagined Communities)에서 잘 규명하였는데 그 핵심은 동시대를 살면서 비슷한 문화를 누린다고 간주되는 공유의식이 예전부터 무언가 특정한 동질성을 공유한다고 상상되는 집단의식으로 이어지면서 '민족' 개념이 탄생했다는 것이다. 민족은 기존의 문화적 범주와 의미들을 대신하면서 등장한 새로운 집단 정체성이다. 시계나 달력 같은 객관화된 시간적 장치 안에서 사람들은 동시대를 사는 사람들을 상상하게 되었고, 여기에다 소설이나 신문 같은 동시대적 읽을거리들을 보면서 무언가 동일한 경험의 공유자들이 있다는 생각이 생겨났다. 그렇게 '상상된 공동체(Imagined Communities)'가 민족이라는 것이다. 우리의 주제와 관련 지으면, 민족도 결국 정체성의 문제와 연결된다.

물론 민족 정체성에도 두 종류가 있다. 하나는 민족도 어느 시점에 형성되는 과정적이고 개방적이라는 것을 의식하고서 이른바 타민족을 수용할 줄 아는 세계시민적, 개방적 정체성이다. 다른 하나는 정체성이라는 것이 타자 혹은 이질성을 배제함으로써 유지 및 강화된다고 여기는 근본주의적, 폐쇄적 정체성이다. 아렌트는 전자의 정체성을 가진 이를 '시민'으로, 후자의 정체성을 가진 이를 '대중'으로 구분한다.

민족도 시민과 대중이라는 두 축으로 구성된다. 스스로 정치에 참가하여 자신의 이상을 추구하는 '시민'과 달리, '대중'은 정치가나 정당이 약속하는 이익과 거래를 선거 등을 통해 지지하며 수동적으로 따라다니는 존재다. 정치의 주체가 아니라 주어진 정치의 소비자다. 이런 대중을 기반으로 대중을 조직하기 위해 현실적 실용성보다는 특정 이념 혹은 입장을 내세우는 '세계관 정당(Weltanschauungspartei)'이 등장한다. 대중이 자유로운 선택이라는 중압감을 거부하고, 불안한 심리에 편승한 세계관에 안주하면서, 전체주의의 동력 역할을 하는 셈이다. 독일의 나치즘, 이탈리아의 파시즘, 소련의 볼셰비즘 등이 외견상으로는 '세계관 정당'의 사례들인데, 이들 모두 기존의 안정과 현재의 불안 사이에 격차가 벌어질 때 대중에게 판단이 용이한 구원의 서사를 제시했다는 공통점이 있다.

대중은 쉬운 판단 속에서 편안함을 느끼는 존재다. 그 쉬운 판단이 전체주의 사회를 형성한다. 전체주의는 인간의 다양성과 차별성을 억압해 특정 흐름 속에 있는 인간이 마치 하나인 양 행동하게 만드는 흐름이기도 하다. 이를 위해 전체주의자들은 대중을 이데올로기적으로 세뇌한다. 집단 혹은 민족 간 갈등이 분쟁으로, 다시 분쟁을 넘어 전쟁으로 가는 경로는 크든 작든 전체주의 분위기가 형성되면서 열린다. 우리의 주제로 돌아가면, 그 근원에는 역시 정체성의 문제가 놓여 있다.

6. 정체성 갈등과 종교적 배후

개인의 정체성이 타자의 정체성과 부딪힐 때 앞에서 본 대로 갈등이 발생한다. 갈등은 종족, 종교 혹은 이념 등과 중첩되며 확대된다. 여기서 분쟁 혹은 전쟁으로까지 이어진다. 근대적인 의미의 일본 최초의 철학자라 할 수 있을 니시다 기타로(西田幾多郎)는 일본이라는 나라의 정점에 있는 천황과의 온전한 합일의 자세로 '팔굉일우(八紘一宇, 세계가 하나의 집)'의 정신을 구체화하는 것이 일본적 정체성[國體]이라고 보았다. 일본은 제국주의 시절 '팔굉일우'라는 구호를 내세우며 제국주의적 정체성을 정당화했던 것이다.

마가렛 미드(Margaret Mead)가 제2차 세계대전 중 출판한 미국 문화론서인 『만일의 사태에 대비하라』(And Keep Your Powder Dry)

에서 일본이나 독일과는 다른 '미국다운' 전쟁의 근간에는 "우리는 미국인"이라는 인식이 있다고 보았던 것도 비슷하다. 미국적 정체성이 전쟁에서의 최대의 무기라는 것이다. 물론 이러한 정체성의 문제 혹은 정체성 구조는 다른 지역, 어느 국가에나 적용된다. 저마다 '우리는 일본인', '우리는 게르만' 등을 내세우면서 '우리'와 '너희'를 구분하고 분리시켰고, 그로 인해 민족적 정체성들 간 충돌이 발생했던 것이다.

여러 가지 분쟁 혹은 전쟁들이 집단과 공동체의 권리문제와 연결된다는 이유로 흔히 종족 갈등(ethnic conflict) 혹은 민족 갈등(nation conflict)이라 표현하곤 하지만, 전술한 대로 민족은 선천적이지도 순수하거나 불변적이지도 않다. 민족 역시 정체성의 문제와 연결되어 있다는 점에서 '민족 갈등'이라는 말보다는, 매츠 프리버그(Mats Friberg)의 분석에서처럼, 사회적 혹은 집단적 차원에서의 '정체성 갈등(identity conflict)'이라는 규정이 더 설득력 있다. 집단적 영향력을 강화하고 정치적으로 인정받기 위해 투쟁할수록 더 강하게 나타나는 것은 정체성으로 인한 갈등이며, 정체성을 유지하고 정당화하는 과정에 다시 갈등도 심화된다.

이러한 정체성 투쟁을 강화하는 배후에 있는 것 중의 하나가 종교이다. 브루스 링컨(Bruce Lincoln)의 『거룩한 테러』(Holy

Terrors)에 의하면, 종교에는 내적 신앙과 관련한 담론, 의례와 관련한 실천 행위, 담론과 행위에 공감하는 이들의 공동체, 공동체를 제어하는 제도의 네 영역이 있다. 이들 네 영역이 중층적으로 상호작용하면서 각자의 영역을 변화 또는 강화해 나간다. '신앙을 가지고 있다'거나, '어떤 공동체에 속해 있다'는 의식은 자기 정체성의 일환이다. 개인의 정체성은 정치, 경제, 사회 등 인간 활동의 전 영역과 서로 영향을 주고받으면서, 구성원들과 집단적 동일성을 도모하고, 종단의 자기 정체성을 유지하고 확대해 나간다. 그 총체적인 동적 과정 전체가 종교다. 단순한 관찰자의 눈에는 종교가 단순한 사회적 '현상'에 불과할 수 있지만, 그 현상의 주체자 혹은 담지자에게는 자신의 삶을 추동하는 강력한 세계관이다. 이러한 정체성을 훼손한다고 여겨지는 어떤 세력에 대해서는 저항의 형태로 나타난다. 그것이 이른바 종교 갈등이지만, 종교 역시 정체성의 문제이며, 세계관의 차원이라는 점에서 보면 순수한 종교 갈등은 없다. 종교 갈등은 종교적 정체성들 간의 충돌이다.

이러한 충돌을 추동하는 또다른 강력한 배후 세력 중 하나가 정치이다. 정치가 갈등을 조장하며 그 갈등 과정에서 집단적 정체성은 더 공고해진다. 특정 집단이나 사회의 지도자급에 해당하는 이들이 저마다의 목적을 위해 자기정체성들(self identities)을 이용하며 중층적으로 뒤섞어 도리어 갈등으로 몰아가기도 한다. 레더라크(John Paul Lederach)가 『평화는 어떻게 만들어지는가』에서 잘 지적했듯이, 갈등을 해소하는 행위가 일종의 거버넌스라면, 정체성의 문제는 개인을 넘어 거버넌스의 문제가 된다. 이것은 역으로 거버넌스에 특정 권력이나 강대국의 이데올로기가 개입하면 갈등이 분쟁 또는 전쟁으로 비화하기도 한다는 뜻이다.

7. 정체성 갈등을 품는 분쟁들

이스라엘-팔레스타인 분쟁이 그렇고, 보스니아 내전이 그렇고, 아일랜드 내전이 그렇다. 시리아 전쟁이나 미얀마 로힝야족 분쟁도 마찬가지이다. 흔히 분쟁(conflict)을 집단, 민족, 사회 단위의 다툼으로, 전쟁(war)을 군사력이 동원된 국가 단위의 충돌로 구분하곤 하지만, 충돌의 규모나 성격보다 더 중요한 것은 이들 분쟁이나 전쟁의 근본 원인으로 들어가 보면 어떤 형식이든 정체성의 갈등이 있다는 것이다.

이스라엘과 팔레스타인은 왜 싸우는가? 그 근간에는 유럽의 유대인들이 박해를 피해 조상들이 살던 땅 팔레스타인에 자국을 건설하려는 시도에서 비롯된다. 유럽에서 유대인들이 가공할 박해를 지속적으로 받은 근본 원인은 유대교를 거부하는 기독교 문화적 흐름은 물론, 유대인들의 시오니즘 운동을 제국주의의 강자인 영국 등이 근동 지역에서 자국의 영향력을 확대하기 위해 부추기고 이용하면서 벌어진 일이다. 그 근간에는 개인은 개인대로, 권력은 권력대로 저마다 자기 정체성을 지키고 확보하려는 시도들이 놓여 있다. 이렇게 정체성 형성에 공헌하기도 하고 정체성 갈등을 조장하기도 하는 주요 이데올로기 혹은 문화적 심층이 바로 종교이기도 하다.

보스니아에서 내전이 끝없이 이어져 온 데에도 다양한 종교 혹은 종파들 간 갈등이 있다. 보스니아는 동·서 로마 제국의 접점에 위치했던 탓에 서로마로부터는 가톨릭을, 동로마로부터는 정교회의 영향을 받아 두 세력이 모두 형성되었다. 여기에다가 오스만 투르크의 영향을 받은 슬라브인들이 이슬람을 수용한 뒤 무슬림으로서의 정체성이 형성되었고, 정교회 계열의 세르비아인, 가톨릭 계열의 크로아티아인 등이 뒤섞이며 보스니아의 존재 양상이 복잡해졌다. 민족주의와 종교, 다시 말해 '종교적 민족주의' 혹은 '민족주의적 종교성'이 부각되면서 보스니아는 다양한 정체성들이 공존과 충돌을 반복하는 복잡한 양상을 유지해 오고 있는 것이다.

가톨릭과 개신교의 대립 양상이 지속되어 왔던 아일랜드 분쟁의 경우는 더 말할 나위 없다. 물론 순수한 종교적 대립이라기보다는, 지배국이었던 영국으로부터의 완전한 독립파와 영국과의 부분적 타협파 사이의 분쟁이기도 하고, 아일랜드를 지배하기 위한 영국의 종교 정책으로 인한 정치적 · 민족적 갈등이기도 하다. 종교, 민족주의, 정치 등 여러 원인이 얽힌 분쟁인 것이다. 불교 국가인 미얀마에서 이슬람 문화권인 로힝야족이 제국주의 국가들인 영국과 일본 등에 의해 정치적으로 이용당하면서 정체성들 간 충돌이 일상화되어 온 것도 전형적인 사례이다.

분쟁의 심층으로 들어가 보면, 나는, 우리는 무엇을 어떻게 해야 할 것인가, 어떠한 처신이 나와 우리의 정체성에 어울리는가 하는 문제의식과 만난다. 정체성과 관련된 이러한 문제의식에 열강들이 개입하고 자신에게 유리하게 이용하면서 분쟁과 전쟁으로까지 이어져온 것이다.

이런 식으로 종교 또는 종교적 이데올로기가 정치 혹은 정치 권력과 만나면서 종족 혹은 민족적 갈등의 근원으로 작용한다. 외형적으로 종교 갈등이라는 표현을 쓰곤 하지만, 사실상 종교적 정체성의 문제라는 표현이 더 섬세하다. 민족 갈등의 근간에 민족적 정체성의 문제가 놓여 있다는 말이다. 동시에 다양한 정체성들의 갈등에 저마다의 이해관계가 얽힌 열강의 정치가 개입하면서 정체성들의 충돌이 국제전 성격으로 비화해 나간다. 그런 점에서 정체성 갈등은 국제적 차원의 거버넌스의 문제이기도 하다.

8. 정의로운 전쟁과 그 한계

이 과정에 저마다 내세우는 것은 이른바 '정당한 전쟁' 혹은 '정의로운 전쟁(Just War)'이다. 서양에서는 이와 관련해 상대편이 불의하게 전쟁을 걸어오면 전쟁으로 방어할 수밖에 없다며 펼친 아우구스티누스의 '정당한 전쟁론'이 널리 알려져 있다. 정당한 전쟁론은 서구 기독교 문화권에서는 아우구스티누스가 단초를 제공하고 토마스 아퀴나스가 논리화하면서 일종의 교리처럼 작동해 왔다. 물론 정당한 전쟁론에는 원칙적으로 전쟁이라는 것은 최소화해야 한다는 의도가 담겨 있다. 아우구스티누스도 만일 전쟁을 하게 되더라도 분노나 탐욕에 휩싸이지 않아야 한다고 말하기도 했다.

아우구스티누스의 입장을 현대적으로 계승하는 마이클 왈저 (Michael Walzer)도 『전쟁과 정의』(Arguing about War)에서 정의로운 전쟁의 가능성에 대해 탐색한다. 만일 국가가 전쟁을 하게 된다면 민간인들의 지지를 받는 '도덕적 유용성'에 기반해야 한다는 것이다. 미국이 베트남전에서 패한 원인 중 하나가 미국인의 잔혹함 때문이었고, '가슴과 마음'을 위한 전쟁이 아니었기 때문이라는 것이다.

전봉준이 주도한 동학농민전쟁은 그런 점에서 정의로운 전쟁의 한 사례라고 할 수 있다. 가령 전봉준은 제폭구민(除暴救民)과 보국안민(輔國安民)을 내세우며, 조선의 관군 및 일본군과 전쟁의 길에 나섰다. 전봉준은 폭력을 최소화하기 위해 동학군에게 '불살생'을 요구했다. 가능한 한 칼에 피를 묻히지 않고, 다른 사람의 물건에 해를 입히지 말아야 한다는 강령과, 항복하는 자는 사랑으로 대하고 곤궁한 자는 구제한다는 기율을 내세웠다.(박맹수, 『전봉준의 평화사상』, 『한국인의 평화사상1』) 왈저의 표현처럼 정의로운 전쟁이 도덕적 유용성에 기반하는 것이라면, 전봉준의 농민군은 그 전형이었다고 할 수 있다. 동학농민전쟁이 벌어지던 1894년 당시 조선 인구 약 1,052만 명 가운데 적게는 4분의 1, 많게는 3분이 1이 혁명에 직접 참여하거나 동조했던 것으로 추정된다는 점에서 그렇다.

이러한 사례에 비추건대 정의에 가까운 전쟁이 원칙적으로 불가능한 것만은 아니다. 전쟁은 가급적 일어나지 않아야 하지만, 만일 전쟁이 불가피한 상황이라면 가능한 한 정의로운 전쟁이어야 한다. 그럼에도 불구하고 전쟁은 전쟁이다. 거기에는 어쩔 수 없이 분노가 있고 살육이 있다. '정의로운 전쟁' 가운데 방점은 늘 '전쟁'에 찍혀 왔다. 정의의 이름으로 참혹한 전쟁을 벌이는 경우도 다반사였다. 신의 이름으로 십자군전쟁을 벌이고, 세계 대전 중 정의의 이름으로 타민족을 살상했다. 이슬람의 근본주의 혹은 원리주의라는 것이 발생의 순서상으로는 서구의 근본주의에 대항하며 나중에 형성되었지만, 그것도 '거룩한 전쟁'[聖戰, 지하드]으로 포장되어 왔다는 점에서는 서구의 정의로운 전쟁과 구조적으로 다를 바 없다. 아무리 '정당한 전쟁', '거룩한 전쟁'이라는 표현을 쓴다고 해도, 상대편의 불의를 판단하는 기준 역시 '나' 또는 '우리'에게 있다는 점에서 상대적일 수밖에 없다.

게다가 결국 승리를 목표로 하는 전쟁에서 아우구스티누스나 전봉준이 요청했던 분노와 탐욕에 휩싸이지 않기는 어려운 노릇이다. 사느냐 죽느냐 하는 극단적 이원론의 세계에서 정의로운 선택이라는 것이 과연 가능하겠는가 하는 근본적인 물음에 봉착

할 수밖에 없는 것이다. 동학농민전쟁도 결국은 수많은 인명 피해를 낳고 패배로 끝나고 말았다. 설령 정의를 내세워 전쟁에서 승리했다손 처도, 전쟁의 과정에 겪은 수많은 상처와 죽음은 되돌릴 수 없는 노릇이다. 그렇다면 전쟁을 왜 벌이게 되는지 그 근본적인 상황 속으로 다시 들어가 봐야 한다.

9. 전쟁 방지를 위한 예방적 성찰

근본 문제는, 원칙적으로 정의가 불의에 우선해야 하는 것은 당연하지만, 현실에서 무엇이 정의이고 어떤 것이 불의인지를 판단하는 기준이 늘 애매하다는 데 있다. 상대편이 전쟁을 걸어오면 싸울 수밖에 없겠지만, 더 중요하고 근본적인 것은 그 상대편은 왜 전쟁을 걸어왔느냐 하는 것이다. 전쟁을 상상하게 되는 그 근본적인 이유 및 상황에 대한 비판적 성찰이 이 글의 관심사이다. 현실적인 이유야 무엇이든, 정체성도 자기에게 유리하게 구성하고, 그 자기중심적 정체성들이 서로 갈등하면서 전쟁까지 상상하게 된다는 사실만큼은 분명하다. 왈저(Michael Walzer)가 "정의로운 전쟁조차도 도덕적 명분과 함께 정치적 동기를 갖는다"고 말한 것도 이와 통하는 말이다.

물론 전쟁의 원인을 정체성의 문제만으로 환원시켜 설명할 수는 없다. 둘 이상의 집단이나 국가가 전쟁을 벌이게 되는 데는 상이한 역사관, 정치적 상황, 종교 및 문화적 차이, 특히 식민지배가 흔들어 놓은 기존 정치 및 지배 질서의 변화 등 여러 복합적 요소들이 작용한다. 이보다 더 근원적인 원인은 기존의 자기정체성을 뒤흔드는 세력의 출현이며, 그 세력 역시 자기정체성을 욕망의 차원에서 확장시키려는 목적 하에 형성된다는 것이다.

저마다 판단의 기준을 자신 안에 두면서, 정의의 이름으로는 물론 평화의 이름으로도 전쟁을 벌이게 되는 것이다. 하지만 그렇게 전쟁을 해서 누군가 승리했다손 쳐도, 그 과정에 겪은 수많은 피해와 아픔과 죽음과 죽임 자체까지 회복하는 것은 불가능하다. 작은 전쟁으로 더 큰 전쟁을 예방할 수 있다는 주장도 있지만, 전쟁의 결과는 전쟁 이후의 폐허와 같은 고요함이다. 더 큰 힘에 의해 압도되어 물리적 폭력이 잠시 수면 아래로 내려가 있을 수는 있지만, 폭력 자체가 사라지는 것은 아니고 사라진 적도 없다는 점에서 자기중심적 정체성을 고집하는 것은 늘 위험하다.

이런 식의 역사에 비하면, 최근 프란치스코 교황이 전쟁은 정의롭든 불의하든 그 자체로 반대한다는 입장을 보이는 것은 근

대의 절대평화주의(absolute pacificism)에 다가선 입장이라고 할
수 있다. 그리고 역설적으로 그동안의 정의에 대한 그리스도교
의 판단 역시 상대성에 머물 수밖에 없었다는 사실을 스스로 고
백하고 있다는 뜻이기도 하다.

물론 전쟁 자체를 반대한다는 입장 표명보다 중요한 것은 전
쟁의 가능성을 아예 없애는 것이다. 전쟁 이전에 전쟁을 상상하
는 어떤 이의 내적 상황 속으로 들어가 그 상황을 반대로 전환시
켜야 한다.

10. 도덕적 개인과 비도적적 집단

‘나’의 정체성이 ‘너’의 정체성과 대화하고 서로 수용할 수는
없는 노릇일까? 결국 개인 정체성의 문제로 다시 소급된다. 이때
라인홀드 니버(Karl Paul Reinhold Niebuhr)의 책 『도덕적 인간과 비
도덕적 사회』(Moral Man and Immoral Society)의 통찰에서 배워봄직
하다.

니버는 개인은 어느 정도 도덕적 양심을 지니고서 다른 개인
을 대할 수 있지만, 개인들이 모여 집단이 될 때는 문제가 달라

진다고 보았다. 쉽게 풀어보면 이런 식이다. 가령 A라는 개인이 가까이에 있는 B에 대해서는 도덕적으로 대할 수 있다. B에 대해서는 어지간히 알기 때문에 그에 맞추어줄 수 있는 것이다. 그러나 B보다는 잘 모르겠는 C에 대해서는 살짝 판단이 유보된다. 더 모르는 D, E, F에 대해서는 판단이 더욱 유보된다. E는 왜 저렇게 행동하는지 잘 모르거나, 어떤 사건에 대한 E의 행동에 대해서는 때로 화가 나기도 한다. F도 B나 A에 대해 마찬가지의 느낌이 들 수 있다. A가 F에 대해 잘 모르겠으면, B를 대하듯 감정이입하고 행동하면 되겠지만, 잘 모르는 타자에게 실제로 그렇게 행동하기는 힘들다. 이런 상황 속에서 서로에 대한 무관심과 오해들이 중첩되면서 집단은 개인의 도덕성과는 다른 방향으로 가거나 시끄러워진다. 이것은 결국 A와 F 간에, F와 A 간에 서로 자기중심적으로 상상하는 데서 벌어지는 일이다. 자기중심적 충동들이 중층적으로 결합되면서 A, B… F 개인의 도덕적 처신만으로는 감당하기 힘든 심한 집단이기주의가 형성되는 것이다. 근원으로 거슬러 올라가면, 자기정체성 혹은 자기동일성에 기반한 자기중심주의와 만나게 된다.

평화의 문제도 그렇다. 평화라는 말이 난무하고, 저마다 평화를 내세우면서도 세상이 시끄러운 이유는 평화마저 자기중심적으로 상상하고, 자신에게 유리한 평화를 기대하며 그에 따라 움직이기 때문이다. 중국의 평화와 미국의 평화는 늘 부딪친다. 남한의 평화와 북한의 평화는 물론, 한국과 일본의 평화도 상충된다. 누가 옳고 그르냐를 떠나서, 저마다 자기중심적으로 생각하고 행동하면서 평화라는 이름의 분쟁도 벌어지게 되는 것이다. 일본의 대동아공영권이 결국 일본 중심의 공영(共榮), 사실상 일본만의 번영이었듯이, 자기중심적 평화주의(ego-centric pacifism)가 이른바 정의롭지 못한 '정당한 전쟁'의 동력이 되는 것이다.

11. 평화들 간의 조율과 감폭력

그렇다면 어느 하나의 입장만을 평화의 길로 규정하기보다는 평화의 이름으로 상상하는 저마다의 다양한 방법들 간에 지난하더라도 타협과 합의를 만들어 갈 수밖에 없다. 흔히 평화를 폭력이 없는 상태라고 규정하지만, 지금까지 폭력이 없어 본 적은 없다. 오히려 폭력은 더 구조화하고 교묘하게 내면화한다. 폭력이 없는 상태라는 규정은 경험에 의한 정의라기보다는 희망적 정의이다.

평화는 미래에 이루어질 어떤 이상적 상태가 아니라, 힘들더라도 하나씩 만들어 가야 하는 현재의 과정이다. 한 가지 평화론만 옳다고 주장하다가 갈등과 전쟁으로 이어진다는 점에서, 평화의 다양성을 일단 인정해야 한다. 평화는 대문자 단수(Peace)가 아니라 소문자 복수(peaces)이며, 그런 점에서 대문자 '평화(Peace)'는 다양한 '평화들(peaces)' 간의 조율을 통해 지향해가야 하는 이상적 목적인 것이다.

필자가 『평화와 평화들』에서 규정한 바 있듯이, '평화는 폭력을 줄이는 과정(reducing violence)'이다. '감폭력(減暴力, minus-violencing)의 과정'이라 말할 수 있다. 폭력(violence)의 벡터, 즉 폭력의 힘과 방향을 반대로(minus) 이끄는 과정(ing)이다. 폭력을 줄여 나가는 동적인 행위가 평화를 구체화시키는 과정이다.

물론 현실은 평화마저 자기중심적으로 상상하고, 평화가 자기만을 위해 이루어지기를 바라는 경우가 많다. 이른바 '자기중심적 평화주의'에 매몰되어 저마다의 자기중심성들이 충돌하며 세상은 도리어 '비평화'로 나아가고 있는 것이다. 그럴수록 비평화의 상황 및 근본 원인에 대한 성찰이 필수적이다. 일단 다양하고 상이한 입장들 간의 조율이 선행되어야 한다. '평화'를 위해서라도 '평화들' 간 조율의 길에 나서야 하는 것이다.

12. 평화다원주의를 생각하며

물론 평화들 간의 조율은 간단하지 않다. 평화는 기존의 정체성들 간의 갈등을 조화시키는 데서 비롯되지만, 권력자들이, 국제정치적 차원에서는 강대국들이 그중의 하나를 마치 절대적인 평화의 길인 양 몰고 가면서 다른 평화들과 더 부딪힌다. 가령 일본의 아베 정권은 최근 '적극적 평화주의'라는 말을 내세우기 시작했다. 이 말은 얼핏 요한 갈퉁(Johan Galtung)의 '적극적 평화(positive peace)'와 비슷하게 들리지만, 실상은 그 반대이다. 그것은 평화학계에서 흔히 쓰는 positive pacifism을 의미하지 않는다. 아베 정권의 '적극적 평화주의'는 영어로는 proactive peace strategy 또는 proactive contribution to peace로 표기한다. 일본국 헌법 제9조에 명기하고 있는 '전력불보유' 및 '전쟁포기'라고 하는 전후 체제를 벗어나, 집단자위권을 전면에 내세우면서 사실상 전쟁할 수 있는 '보통국가'로 가기 위한 전략이다. 패전 이후 국제적으로 약속한 '전쟁포기'라는 헌법 제9조를 개정해, 전쟁할 수 있는 국가의 대열에 합류하겠다는 것이다. 경우에 따라서는 선제공격마저 가능한 '일본 중심의 평화', 일종의 '힘에 의한 평화'를 달성하겠다는 것이다.

그러한 일본 중심의 '힘에 의한 평화'를 위해 자국 내 우익적 정체성들을 십분 발휘한다. 북한의 도발을 은근히 기대하며, 중국 및 한국과의 영토 분쟁을 기회가 있을 때마다 공론화한다. 만일 여기에 중국을 견제하는 미국 등이 동조하며 일본의 아시아적 입지를 강화 및 정당화한다면, 영토 분쟁이나 전쟁으로 나아갈 가능성이 전혀 없는 것은 아니다.

실제로 그렇게 갈 가능성은 적지만, 중요한 것은 그렇지 않도록 예방적 정치를 해 나가는 것이다. 평화의 거버넌스가 개인과 집단, 국가적 차원에서 요청되는 것이다. 전쟁 및 분쟁의 가능성 자체를 줄이고 없애려면 자기중심주의의 허상을 비폭력적으로 폭로하면서 대화와 타협의 길로 나서야 한다. 그리고 피해자, 나아가 약자 중심적 배려와 공감의 정치를 이끌어내야 한다. 개인 차원에서든 국가 차원에서든 정체성이라는 것은 단순하지도 순수하지도 고정적이지도 않다는 사실에 대한 폭넓은 성찰도 요구된다.

인간은 복합적 존재이다. 특정 집단의 구성원이자 당대의 문화를 공유하는 혼합적 존재이다. 종교적 정체성은 물론 개인의 정체성이라는 것도 자기 스스로 주장하는 것만으로 확립되는 것이 아니다. 정체성 역시 타자에게 동의를 받을 때 확립된다. 타자로부터 동의를 받으려면 자신을 설명할 뿐만 아니라 타자와 타협하고 수용하는 과정을 거쳐야 한다. 타자가 동의할 수 있을 정도의 자기 개방성을 담보해야 한다. 그럴 때에야 비로소 정체성의 확립 과정이 폭력적이지 않을뿐더러 정당성을 얻는다. 자신 안에 있는 폭력성을 인정하면, 폭력성을 혐오하기보다는 폭력에 분노하며 폭력을 줄이는 길에 나서게 된다. 이것은 개인적 차원에서든 집단이나 국가적 차원에서든 마찬가지이다.

'평화들' 간에도 다원주의적 접근이 요청된다. 다양한 평화들을 일단 긍정하되, 자기중심적 평화들 속에 숨겨져 있는 폭력의 칼날을 비폭력적인 방식으로 드러내며 더 큰 평화의 길로 나아가는 '평화다원주의'의 자세가 필요하다는 뜻이다. 그렇게 끝없이 폭력을 줄이는 과정, 한마디로 감폭력(減暴力)의 길에 동참해야 할 도리밖에 없는 것이다. 분쟁의 심층을 비판적으로 성찰하고 분쟁의 가능성을 평화의 현실로 역전시켜야 할 뿐만 아니라, 애당초 분쟁의 원인을 제공하지 않는 것이 가장 근본적인 길이겠기 때문이다.

국제사회와 이스라엘 /팔레스타인 분쟁

홍미정

1. 팔레스타인은 왜 영국과 미국의 초미의 관심사가 되었나?

이스라엘/팔레스타인 분쟁의 기본구조는 1차 세계대전 결과 승전국이 된 영국이 팔레스타인을 통치한 1917~1948년(군부통치:1917.12~1920.07, 위임통치:1920.07~1948.05)에 형성되어, 미국정책이 주도적인 역할을 하는 현재까지 유지될 뿐만 아니라 강화되고 있다.

1946년 영국왕립국제문제연구소가 펴낸 『Great Britain and Palestine 1915~1945』에 따르면, 20세기 초 이러한 분쟁 구조 창출 정책을 주도한 영국에게 팔레스타인은 다음과 같은 전략적인 이점이 있었다. 첫째, 전략적으로 수에즈 운하에 대한 잠재적인 위협을 막기 위한 전초기지였다. 둘째, 1934년에 건설된 키르쿠크(이라크)-하이파 석유 파이프라인의 출구였다. 셋째, 인도 등으로 가는 국제 항공노선의 중간 기착지였다. 넷째, 이라크로 가는 사막 자동차 도로의 출발점이었다.

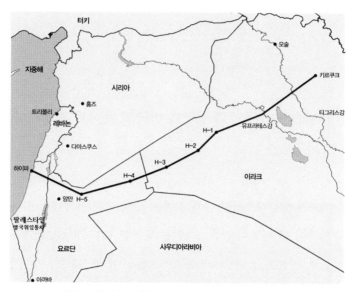

키르쿠크-하이파 파이프라인(1932~1934년 건설, 1935~1948년 가동)

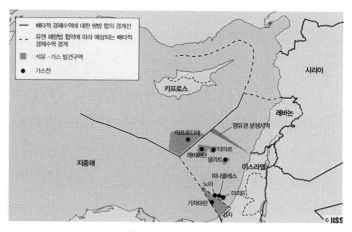

1998년 이후 발견된 가자-이스라엘연안 유전

이러한 팔레스타인의 전략 이점은 현재 21세기 미국의 이스라엘/팔레스타인 정책에도 유효하게 적용될 수 있다. 적절한 예로, 2003년 미국은 이라크 북부에 위치한 키르쿠크로부터 이스라엘 항구 하이파로 가는 석유 파이프라인을 재건하려는 계획을 내놓았다. 2003년 8월 미국방부의 요구에 따른 이스라엘 국가 기반시설부 조사 결과 키르쿠크와 하이파 사이의 직경 42인치 파이프라인의 건설에 1㎞당 40만 달러의 비용이 든다고 밝혔다. 이 때, 이스라엘 국가 기반시설부 장관 유세프 파리츠키는 하이파 항구는 이라크 석유의 매력적인 출구라고 밝혔다.

게다가 1998년 이후 노블에너지 등 미국회사들과 이스라엘 회사들이 가자와 이스라엘 연안 동지중해역에서 발견된 거대한 천연가스전 대부분을 개발하고 운영한다. 2016년 12월 미국은 이스라엘 항구도시 하이파에 군사기지 건설 계획을 발표하였고, 2017년 9월 영구적인 군사기지를 건설하였다. 2017 미국방수권법 1259항은 "동지중해에서 이스라엘 안보를 지키는 것은 미국의 안보를 지키는 것"이라고 밝혔다.

최근 이 지역은 예상되는 이라크 석유의 통관지 기능 복구를 넘어서 중요한 천연가스 생산지로서의 기능을 추가하였다. 이것은 미국이 하이파에 영구적인 군사기지를 건설한 주요한 이유가 될 수 있다.

2. 영국의 팔레스타인 정책: 친 시온주의/반 아랍정책

1) 유대인의 팔레스타인 이주

1917년 11월 2일 영국 외상 아더 제임스 밸푸어 선언으로, 영국은 팔레스타인에 유대국가를 건설한다는 시온주의에 대해 공식적으로 입장을 분명히 했다. 밸푸어 선언으로 영국이 "유대인을 위한 팔레스타인 내 민족고향의 건설"에 호의를 갖고 있음을 밝혔다. 당시 영국 시온주의자 연맹의장이었던 하임 와이즈만(이스라엘 초대 대통령: 1949~1952)이 밸푸어 선언을 만드는데 영국 외상 밸푸어와 협력한 것으로 알려졌다. 하임 와이즈만이 쓴 '정책 비망록'에는 '영국 왕권 하의 유대인의 팔레스타인'이 포함되었다. 당시 영국 총리였던 데이비드 로이드 조오지는 밸푸어 선언을 승인하면서, "팔레스타인은 유대인으로 구성된 영연방 되어야 한다"고 강조하였다. 따라서 영국제국의 전략은 팔레스타인에서 영제국의 이익을 보호할 수 있는 시온주의자들을 동맹으로 만드는 것이었다. 결국 시온주의 강화와 유대국가 건설은 영국 제국주의의 중동 진출이라는 이해관계와 밀접하게 관련되며, 오스만 제국 해체를 목표로 한 영국의 전략이었다.

1차 세계대전 이후, 영국은 요르단, 이라크, 사우디아라비아에서 아랍인 국왕들을 내세워 간접통치를 선택했던 방식과는 달리, 팔레스타인에서는 직접 통치하는 방식을 선택했다. 영국은 1920년 국제연맹으로부터 위임통치권리를 얻어내어 이스라엘 국가가 창설되는 1948년 5월 초까지 팔레스타인을 직접 통치하면서, 이민자 시온주의자 유대인들과 공조하고, 원주민 무슬림들과 기독교인들을 배제하는 인종차별적인 정책을 실시하면서, 현재까지 유지되는 불안정한 이스라엘/팔레스타인 분쟁의 기본 구조를 창출하였다. 1차 세계대전으로 영국이 팔레스타인에서 오스만제국군을 축출하고, 1917년부터 1948년까지 팔레스타인을 통치(군부통치: 1917년 12월~1920년 7월, 위임통치: 1920년 7월~1948년 5월)하였다. 이때 영국은 유대인들을 팔레스타인으로 이주시킴으로써, 1948년 5월 14일 이스라엘 국가 창설을 가능하게 했다. 1920~1945년 영국은 393,887명의 유대인들을 팔레스타인에 받아들였고, 이들은 1945년 말경에 전체 유대 주민의 2/3를 구성하였다. 1946년 전체 팔레스타인 인구는 1,845,560명 이었다. 이

숫자의 약 58%는 무슬림 팔레스타인인이었고, 약 10%는 기독교인 팔레스타인인이었다. 1946년에 유대인은 전 인구의 32% 정도였다.

특히 주목할 부분은 키르쿠크-하이파 파이프라인 건설이 시작된 1932년부터 유대인의 팔레스타인 이주가 현격하게 증가했다는 점이다. 당시 영국은 활용하기에 편리한 파이프라인 건설노동자와 파이프라인 보호를 위한 무장단체 구성원으로 이주자 유대인을 필요로 했다.

1936년 유대인 이주와 영국의 위임통치에 반대하는 팔레스타인-아랍인 대반란(1936년 4월~1939년 8월)이 시작되었고, 이 아랍 반란자들은 키르쿠크-하이파 파이프라인을 공격하였다.

〈표1〉 팔레스타인 주민구성 변화

연도	전체	무슬림(%)	유대인(%)	기독교인(%)	기타(%)
1878	440,850	386,320(88)	13,942 (3)	40,588 (9)	-
1918	689,000	563,000(82)	56,000 (8)	70,000(10)	-
1922	752,048	589,177(78)	83,790(11)	71,464(10)	7,617(1)
1927	917,315	680,725(61)	149,789(16)	77,880(8)	8,921(1)
1931	1,036,339	761,922(74)	175,138(17)	89,134 (9)	10,145(1)
1932	1,052,872	771,174(73)	180,793(17)	90,624(9)	10,281(1)
1937	1,401,794	883,446(63)	395,836(28)	110,869(8)	11,643(1)

1938	1,435,285	900,250(62.7)	411,222(28.6)	111,974(7.8)	11,839(0.9)
1939	1,501,698	927,133(62)	445,457(29)	116,958(8)	12,150(1)
1940	1,544,530	947,846(61)	463,535(30)	120,587(8)	12,562(1)
1941	1,585,500	973,104(61)	474,102(30)	125,413(8)	12,881(1)
1942	1,620,005	995,292(61)	484,408(30)	127,184(8)	13,121(1)
1943	1,676,571	1,028,715(61)	502,912(30)	131,281(8)	13,663(1)
1944	1,739,624	1,061,277(61)	528,702(30)	135,547(8)	14,098(1)
1945	1,764,520	1,061,270(60)	553,600(31)	135,550 (8)	14,100(1)
1946	1,845,560	1,070,425(58)	590,579(32)	184,556(10)	-

　위 표에서 보듯이 팔레스타인 위임통치 기간 동안, 영국은 팔레스타인에 유대국가 건설을 목표로 유대인 이주를 추진하여, 시온주의를 적극 후원하였다. 예루살렘(시온)을 중심으로 한 팔레스타인에 유대국가 건설을 목표로 한 시온주의는 주로 이민자들로 구성된 소수파 유대인들을 국민의 주요한 구성원으로 다수파였던 무슬림들과 기독교인들을 배제하여 인종차별 정책을 유지·강화시키는 주요한 도구로 작용하였다. 시온주의는 19세기 후반에 유대민족주의 운동, 즉 예루살렘을 포함한 팔레스타인 땅에 유대 국가 건설을 목표로 하는 국제 정치 운동으로 구체화되었으며, 이 운동의 결과 1948년 5월 14일 이스라엘 국가가 수립되었다. 현재 국제 정치 영역에서 시온주의자들은 이스라엘 국가에 대한 지지가 가장 중요하다고 생각한다.

2) 팔레스타인 아랍인들의 저항

오스만제국의 통치하에 있던 팔레스타인에는 무슬림, 기독교인, 유대인들이 각각 자율적인 종교 공동체를 운영하고 있었다. 1917년 팔레스타인에서 영국 군부통치가 실시되면서, 무슬림-기독교인 협회들이 주요 도시마다 세워졌다. 무슬림-기독교인 협회는 팔레스타인의 민족적 열망을 성취하기 위하여 팔레스타인 아랍의회를 조직하고, 1919년부터 1928년까지, 총 7차례에 걸쳐 다음 〈표2〉가 보여주는 내용으로 의회를 개최하는 등 정치기구 설립 운동을 주도하였다.

〈표2〉 팔레스타인 아랍인들의 정치기구 설립 운동

	기간	장소	내용
1차	1919.01	예루살렘	밸푸어 선언 거부, 팔레스타인은 독립된 시리아 국가의 일부
2차	1920.05 비밀회의	예루살렘	영국의 팔레스타인 위임통치에 밸푸어 선언 실행을 포함시킨 산레모협정(1920.04)에 대한 항의: 영국이 집회 금지
3차	1920.12	하이파	민족정부 수립 요구, 팔레스타인 민족운동 지도와 감독할 아랍행정위원회를 선출
4차	1921.06	예루살렘	무사 카짐 알 후세이니가 이끄는 최초의 팔레스타인 대표단 6명을 런던에 파견하여 영국정부에게 팔레스타인으로의 유대 이민에 반대하는 의견 피력

5차	1922.08	나블루스	새로운 헌법 반대, 영국이 기획한 의회 선거 거부, 런던 사무소 창설, 유대인에게 땅 팔기 금지, 유대 이민 금지, 유대 민족 고향 설립 반대.
6차	1923.06	자파	영국이 기획한 의회 선거 다시 거부, 납세 거부, 영국이 후원하는 히자즈, 이라크, 트랜스요르단과 아랍연방을 제안한 앵글로-히자즈 조약 반대
7차	1928.06	예루살렘	대표정부 설립 요구

1920년 무슬림-기독교인 협회를 비롯한 다양한 아랍협회들이 예루살렘 시장이었던 무사 카짐 알 후세이니의 지도 아래 아랍행정위원회로 통합되었다. 그러나 영국은 이러한 무슬림-기독교인 아랍인들의 자율적이고, 독립적인 정치통합을 막았고, 결국 1934년, 아랍통합을 상징하던 아랍행정위원회는 해체되었다.

1936년, 유대 이민과 영국 위임통치에 반대하는 아랍 대반란이 발발하자, 1936년 4월 초 예루살렘 그랜드 무프티 하지 아민 알 후세이니(그랜드 무프티 재임: 1921~1937)가 주도하여 아랍고등위원회를 창설하고, 총파업, 유대 이민 금지, 유대인에게 땅 판매 금지, 납세 거부 운동, 아랍 민족정부 수립을 주도하는 등 팔레스타인 아랍 민족운동을 통합하고 주도해 나갔다. 이에 따라 4월 16~18일에는 아랍-유대인 충돌이 팔레스타인 전역으로 확산되었다. 4월 25일, 하지 아민 알 후세이니가 아랍고등위원회 위원장으로 선출되었다. 아랍고등위원회 구성원들은 다음과 같다. 하지 아민 알 후세이니, 자말 후세이니, 후세인 파크리 알 칼리디, 야콥 알 고세인, 푸아드 사바, 라겝 나사시비, 아흐마드 힐미 압델 바끼, 아흐마드 라티프 살레, 알프레드 록, 아와니 압둘하디. 그런데 이러한 아랍인들의 정치통합 움직임에 반대하여 영국 위임통치 정부는 1937년 9월 아랍고등위원회를 불법단체로 규정하고, 그 지도자들을 체포하고 추방했다. 이 사건은 팔레스타인 민족운동을 결정적으로 약화시켰으며, 이후 팔레스타인에서 시온주의자 운동이 압도적으로 우세하게 되었다.

시온주의자들은 "땅 없는 민족에게 민족 없는 땅을"이라는 슬로건을 광범위하게 활용하면서, 수세기 동안 지속된 토착 아랍 문화의 존재와 100만 명의 토착 아랍인들의 권리를 무시하였다. 이러한 시온주의자들의 활동 결과 1948년 5월 유대국가 이스라엘이 팔레스타인 땅에 건설되었다. 이 과정에서 원주민 아랍인들(무슬림+기독교인) 중 70% 이상이 고향에서 축출되면서, 현재까지 진행 중인 이스라엘/팔레스타인인들의 분쟁이 시작되었다.

3. 유엔의 팔레스타인 영토 분할
: 유대국가/아랍국가

2차 세계대전이 끝난 직후 1946년 팔레스타인 전 지역(26,323 ㎢) 중 팔레스타인인들은 87.5%를 소유하였고, 유대인들은 6.6% 만을 소유하고 있었으며, 나머지 5.9%는 영국 위임통치청 소유 의 땅이었다. 1947년 11월 29일 통과된 유엔 총회 결의 181호 는 팔레스타인 전 지역의 56.47%를 유대국가에, 42.88%는 아랍 국가에, 예루살렘 국제지구로 0.65%를 할당하였다. 이 결의는 1948년 10월 1일까지 유대 국가와 아랍 국가 건설 완료를 요구 하였다.

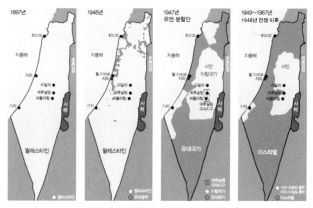

1948년 유엔 팔레스타인 분할 결의안

1947년 11월 30일 팔레스타인인들은 이 분할안에 반대하면서 총파업을 선언하였다. 시온주의 무장단체인 하가나는 17세에서 25세에 이르는 팔레스타인 거주 유대인들을 소집하면서 팔레스타인 주민들을 동요시키고 전략적인 위치를 확보하는 작전인 김멜 계획을 시작하였다. 12월 2일 아랍고등위원회는 유엔 분할안에 반대하여 3일 동안 총파업을 선언하였다. 12월 4일, 유대 무장 세력의 대규모 공격 이후, 약 250 아랍 가구들이 하이파를 떠나 피난길에 올랐다. 12월 6일 유대 무장단체 이르군이 자파를 공격하였다. 이와 유사한 유대 무장단체의 공격이 계속되면서 팔레스타인 난민이 발생하였고, 아랍고등위원회는 아랍인들에게 고향을 떠나지 말도록 요청하는 성명서를 발표하였다.

팔레스타인에서 영국의 위임통치가 실행되면서 팔레스타인 땅에 아랍 무장단체들은 거의 제거된 반면, 이스라엘 군대의 토대를 제공한 시온주의 무장단체 하가나는 당시 6만-7만 명 정도의 훈련된 대원들을 확보하고 있었다. 12월 8일 영국은 1948년 5월 15일에 팔레스타인 위임통치를 종료할 것을 유엔에 제의하였고, 11일에 영국 정부는 1948년 5월 15일에 팔레스타인을 떠나겠다고 발표하였다. 영국군이 팔레스타인을 떠날 경우 시온주의 무장단체가 영국군을 대체할 것이 분명해 보였다.

팔레스타인인들은 당연하게도 유엔 분할안을 거부한 반면, 유대인들은 이 분할안을 받아들였다. 영국 위임통치 종결 8시간 전인 1948년 5월 14일 오후 4시에 국민평의회 의장인 데이비드 벤 구리온이 이스라엘 국가의 창설을 선언하고 12명의 각료로 임시정부를 수립하였다. 이스라엘 국가 창설 다음 날인 5월 15일에 미국이, 3일 후인 5월 18일에 소련이 이스라엘 국가를 공식적으로 승인하였다.

1948년 9월 22일 아랍연맹의 주도로 팔레스타인 정부를 구성하였다. 10월 1일 아랍고등위원회가 가자에서 팔레스타인 민족회의를 소집하여 팔레스타인 독립을 선언하였고, 팔레스타인 정부 임시 법령을 선포하였다. 10월 15일 이집트, 시리아, 레바논, 사우디아라비아, 예멘은 팔레스타인 정부를 승인하였으나, 트랜스 요르단과 이라크는 팔레스타인 정부를 승인하지 않았다.

게다가 1948년 4월, 요르단 국왕 압달라는 유엔 팔레스타인 분할 결의안 181호가 아랍 영역으로 할당한 지역을 차지하려는 의도를 공표하였다. 이집트 국왕의 후원 하에 카이로에서 개최된 아랍지도자들 회의에서 압달라가 팔레스타인 아랍 군대의 최고 사령에 취임함으로써 이 전쟁을 주도하였다. 5월 15일 아랍 국가들은 2만 5천 명의 무장 세력을 팔레스타인으로 파견하였다.

이집트 군대는 네게브를 공격하였고, 트랜스 요르단과 이라크는 요르단 강을 넘어 팔레스타인으로 들어왔다. 1949년 1월 이집트, 3월 레바논, 4월 트랜스 요르단, 7월 시리아가 이스라엘과의 휴전 협정에 서명하였다.

전쟁의 결과 생긴 휴전선을 활용하여 이스라엘은 전 팔레스타인 지역의 78%를 장악하였고, 나머지 22%(6,020㎢) 중 가자(365 ㎢)는 이집트, 서안(5,655㎢)은 요르단의 통치하에 1967년 6월 4일까지 놓이게 되었다. 또 서안의 일부인 예루살렘은 분할되어 동 예루살렘은 요르단의 통치하에, 서 예루살렘은 이스라엘의 통치하에 남게 되었다. 그런데 이슬람교, 기독교, 유대교의 성지를 포함하는 구시가지는 동 예루살렘에 위치한다.

유엔은 1947년 11월 '팔레스타인 땅 분할 결의안'을 채택한 이후 현재까지, 분쟁 해결을 위해 이스라엘을 대상으로 100여 차례 이상의 결의안을 채택하였다. 그럼에도 불구하고, 이스라엘 국가와 팔레스타인인들 사이에서 일상화된 유혈분쟁을 해결하는 것은 아직 요원해 보인다. 예루살렘을 핵심 지역으로 팔레스타인 땅에 대한 소유권을 놓고 벌어지는 유혈 분쟁을 촉발시킨 핵심 주제는 시온주의이다. 유엔은 1975년 3월 22일 유엔 총회 결의 3379호를 통해서 '시온주의'를 인종차별주의로 규정하였으

나, 1991년 12월 16일 유엔 총회 결의 4686호는 3379호를 무효화
했다. 이는 '시온주의'에 대한 첨예한 논란이 국제사회에서도 진
행되어 왔음을 방증하는 사건이었다.

4. 이스라엘의 서안과 가자 점령

1967년 6월 전쟁으로 이스라엘은 이집트가 통치하던 가자 지
역과 요르단이 통치하던 동 예루살렘을 포함하는 서안 지역(영국
위임통치 팔레스타인의 22%)을 모두 점령했다. 현재 분쟁의 대상이
되는 지역은 국제법상으로는 불법적인 이스라엘 점령지인 가자
지역과 동 예루살렘을 포함하는 서안 지역이다. 1967년 이 지역
이 이스라엘의 점령하에 들어가면서 국제연합 난민구제 사업국
에 전쟁 난민으로 등록된 17만 5천 명을 포함하는 43만 4천 명의
팔레스타인인들이 점령지로부터 축출되었으며, 이들 중 대다수
는 요르단으로 이주하였다. 피난 가지 않았던 100만 명 정도의
팔레스타인인들은 이스라엘의 점령하에서 생활하게 되었다.

1967년 8월 수단의 수도 카르툼에서 개최된 아랍 연맹회의에
서 '아랍의 세 가지 NOs, 즉 이스라엘과는 강화하지 않고, 협상

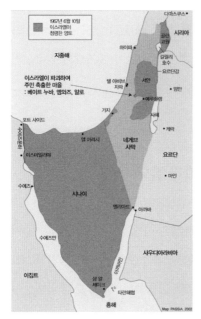

1967년 이스라엘 점령지

하지 않고, 승인하지 않는다.'를 채택하였고 사우디아라비아, 리비아, 쿠웨이트는 1967년 전쟁으로 고통 받는 지역을 위해 3억 7천 8백만 달러를 지원하기로 결정하였다.

이 상황에서 열강들은 외교적인 해결책을 제시하였고, 1967년 11월 유엔 안보리 결의 242호가 채택되었다. 다음은 242호 전문이다.

〈유엔 안보리 결의 242호(1967년 11월 22일)〉

· 최근 분쟁에서 점령한 영토로부터 이스라엘 무장 병력의 철수.

· 교전 주장 혹은 교전의 종결과 그 지역에 있는 모든 국가의 주권과 영토의 보전, 정치적 독립의 인정과 존중, 그리고 위협이나 무력 행위가 없는 안전하고 인정된 경계 내에서 평화롭게 살 권리의 존중과 확인.

· 국제 수로에서의 자유로운 항해 보장.

· 난민 문제의 공정한 해결.

· 비무장 지역의 수립 등을 포함하는 조치들을 통하여 그 지역에 있는 모든 국가의 영토에 대한 불가침성과 정치적 독립의 보증.

이상에서 알 수 있듯, 결의는 1967년 전쟁에서 점령한 지역에서의 이스라엘 철군과, 모든 국가들이 승인한 경계 내에서 평화롭고 안전하게 살아갈 권리의 인정 등 완전한 평화조약을 요구하고 있다. 그러나 이 결의에는 이스라엘을 포함하는 현존하는 국가들 사이의 해결만이 요구되어 있을 뿐 난민 문제의 공정한 해결이라는 간접적인 언질 이외에는 팔레스타인인들에 대한 해법은 전혀 찾아볼 수 없다. 이로써 팔레스타인인들의 민족 자결권을 무시하고 단순히 난민 문제로만 처리하려는 국제사회의 의지가 명백하게 드러났다. 또한 이 결의는 이스라엘에게 점령지역에서 팔레스타인인들에 대한 지배권을 주장할 여지를 제공하게 된다.

안보리 결의 1항의 영어 원문은 'Withdrawal of Israeli armed forces from territories occupied in the recent conflict'로 되어 있다. 이는 이스라엘의 철군 대상 지역이 1967년 전쟁에서 점령한 전 지역을 의미하는지 일부 지역인지에 관하여 이스라엘 측이 자의적으로 해석할 빌미를 제공하였다. 1항 내용 중 '… from territories occupied …'에서 영어판에는 'the'가 빠진 반면 아랍어와 프랑스어 판에는 정관사가 들어가 있는데, 이스라엘은 영어판을 근거로 해석하고 있기 때문이다. 즉 제1항에 대해 이스라엘이 일부 지역에서만 철군하겠다고 해석해 버린 242호 결의는 당시 만장일치로 안보리에서 242호를 결의했던 국제사회 국가들의 점령지에서의 완전 철수라는 의도와는 동떨어진 것이었다. 따라서 이제는 이스라엘이 242호 결의를 공식적으로 수용한 것과 점령지에서의 철군은 사실상 아무런 관련도 없는 것처럼 되어 버렸다.

5. 불공정한 미국의 영토 협상 중재
   : 이스라엘 강화/팔레스타인 무력화

1) 이스라엘/이집트 영토 협상

팔레스타인인들은 1969년 이후 야세르 아라파트가 주도하는 PLO(팔레스타인 해방 기구)에 적극 가담하여 본격적으로 무장투쟁을 전개하였다. 아라파트가 1974년에 유엔 총회에서 처음으로 연설을 하면서 PLO는 팔레스타인의 대표기구로서 유엔 총회 결의 3210호에 의해서 인정을 받았다. 이 상황에서 1976년 1월 유

1979년 이스라엘 / 이집트 협정
1982, 시나이로부터 철수

엔 총회는 안보리 결의 242호에 토대를 두고 이집트, 요르단, 시리아가 제출하였고 PLO가 지지한 '1967년 이스라엘이 점령한 지역에서 팔레스타인 국가 수립'을 요구하는 결의안을 논의하였다. 그러나 이스라엘은 이 회의에 참석하는 것을 거부하였다. 이 결의는 미국을 제외한 유럽, 소련, 이슬람 세계에 의해서 만장일치로 지지를 받았다.

미국이 고립되고, 국제사회가 강력하게 '두 국가 해결책'을 요구하는 상황에서 미국 지미 카터 대통령이 중재한 '팔레스타인 자치'에 관한 캠프데이비드 협정이 체결되었다. 1978년 캠프데이비드 협정은 당시 국제사회가 요구하는 '팔레스타인 국가 건설'을 '점령지에 자치 정부'를 세우는 방향으로 선회시켰다. 캠프데이비드 협정은 1990년대 이후 이스라엘/팔레스타인 협상에서 기본 틀로 작용했으며, 이 협정에 서명한 대가로 미국으로부터 이집트는 매년 20억 달러를, 이스라엘은 매년 28억 달러를 받고 있다.

이 협정 서문에는 이스라엘과 그 이웃들 간 분쟁을 평화적으로 해결하기 위한 토대가 유엔 안보리 결의 242호임이 명시되어 있다. 서안과 가자와 관련해서는 '이스라엘 군대 재배치의 필요성', '강력한 지역 경찰 창설', '자치 정부 수립', '5년간의 임시 기간 설정'을 규정하였고, '서안과 가자의 최종 지위', '팔레스타인 난민 문제'는 앞으로 해결해야 할 사항으로 규정하였으며, 이스라엘 점령촌(정착촌) 문제와 예루살렘 문제 등은 언급하지 않았다.

이 협정에서 이집트는 1967년 전쟁에서 이스라엘에게 빼앗겼던 시나이를 되돌려 받는 대신, 가자 지구를 이스라엘 영토로 인정하면서, 자신과는 직접적인 이해관계가 없는 요르단 관리하의 서안 지역을 이스라엘의 지배권에 묶어두는 데 동의했다.

실제로 캠프데이비드 협정 조인 6개월 이후에 체결된 1979년 이스라엘/이집트 평화협정은 이집트와 이스라엘의 국경을 이집트와 이전 위임 통치 팔레스타인 영역의 경계라고 명백히 규정함으로써 이집트는 가자 지역이 이스라엘의 영역이라는 데 동의하였다. "이집트와 이스라엘 사이의 영구적인 경계는 이집트와 이전 팔레스타인 위임 통치 영역 사이의 승인된 국경이다. 양측은 이 경계를 불가침의 경계로 인정한다. 양측은 수자원과 영공을 포함하는 상대방의 영토 보전을 존중한다." 따라서 이스라엘-이집트의 평화협정에 관한 한 이스라엘과 이집트 사이에 팔레스타인인들의 영토는 없다. 이 협정 이후 국제사회에서의 '두 국가' 건설 요구는 당분간 사라졌고, 이스라엘은 가자, 동 예루살렘, 서안 지역으로 이스라엘인들의 이주를 더욱 강력하게 추진하면서 팔레스타인인들의 토지를 몰수하였다. 이제 서안과 가자 지역에 자치 정부를 세운다면 그것을 주도할 사람들은 이스라엘 점령민 들인 것처럼 보였다. 이 협정에서 제기된 팔레스타인 자치는 국 가로서의 지위와는 거리가 멀었고, 유엔이 인정한 팔레스타인인 의 대표 기구인 PLO에게는 어떤 역할도 부여하지 않았다. 물론 PLO는 이 협정을 거부하였다.

2) 이스라엘/요르단 영토 협상

1994년 7월 이츠하크 라빈 이스라엘 총리와 후세인 요르단 국 왕은 윌리엄 클린턴 미국 대통령이 중재한 워싱턴 회담에서 양 국간의 적대적인 관계를 청산하고 각종관계를 개선한다는 워싱 턴 선언을 발표하였다. 이 회담을 후원하면서 미국은 요르단의 7억 달러 부채 탕감과 군사지원을 약속하였다. 미국은 군사원조 2억 달러를 포함하여 매년 5억 달러를 원조하고 있다.

이 워싱턴 선언을 구체화시킨 것이 1994년 10월 26일 이스라 엘 정부와 요르단 왕국 사이에 평화 조약이다. 이 조약은 다음과 같이 이스라엘 요르단 사이의 국경을 획정하였다. "이스라엘과 요르단 사이의 국경은 위임 통치하의 경계선이다. 즉 요르단 강과 야르묵 강, 사해, 와디 아라바, 아까바 만이다. 이 국경은 이스라엘과 요르단 사이의 영구적이고, 안정되고, 승인된 국경이다."

이 조약에서 이스라엘과 요르단 사이에 위치하는 팔레스타인 영토는 없다. 오직 이스라엘과 요르단 두 국가만 존재할 뿐이다. 요르단은 이 조약을 체결함으로써 서안을 이스라엘의 영토로 승인하였다.

결국 미국의 지미 카터 행정부와 윌리엄 클린턴 행정부가 중재한 이스라엘/이집트, 요르단 국경 획정 협정은 서안과 가자에 대한 팔레스타인인들의 권리를 무시하였고 이스라엘의 주권은 인정하였다.

3) 이스라엘/팔레스타인 협상
: 팔레스타인 자치 정부 창설과 점령지 분할

1987년 12월 이스라엘 점령지 서안과 가자에서 발발한 팔레스타인인들의 민중봉기(인티파다)에 맞선 폭력적인 공격으로 이스라엘은 국제적인 비난을 받았다. 게다가 이 민중봉기가 진행되던 1988년 11월 15일 PLO(팔레스타인 해방 기구)는 알제리에서 "예루살렘을 수도로 팔레스타인 땅에서 팔레스타인 국가의 창설"

을 명시하는 팔레스타인 독립 선언을 채택하였다. 1948년 아랍 고등위원회가 가자에서 독립선언을 한 이후, 이것은 팔레스타인 인들의 두 번째 독립 선언인 셈이다. 1988년 12월 15일, 유엔 총회는 팔레스타인 독립 선언을 인정하는 결의를 채택하였다. 이 결의에 대하여 미국과 이스라엘만 반대투표를 하였다. 12월 중순까지 75개 국가가 팔레스타인 국가를 인정하였고, 1989년 2월까지는 93개 국가가 팔레스타인 국가를 인정하였다. 1988년 이 유엔 총회 결의문에서 팔레스타인은 이미 국가로서의 지위를 명시적으로 확보한 것으로 보인다.

이스라엘에 대한 국제적 비난, 팔레스타인 국가 선언은 이스라엘/팔레스타인 협상이 시작될 무렵 이스라엘 정부가 직면하고 있던 가장 긴급한 사안이었다. 팔레스타인 독립 선언을 이끌어낸 1987년 12월 민중봉기는 1993년 9월 13일 팔레스타인 자치 정부 수립을 약속한 오슬로 평화협정 체결로 일단락되었고, 팔레스타인 독립 국가를 인정하는 유엔 결의는 국제사회의 장에서 조용히 사라졌다.

1993년 9월 13일, 워싱턴에서 이스라엘 정부의 시몬 페레스와 PLO의 마흐무드 압바스(팔레스타인 자치 정부 수반: 2005년 1월~현재)가 다음과 같은 팔레스타인 임시자치 정부 원칙 선언에 서명

1993년 임시자치 정부 원칙 선언

하였다.

1993년 팔레스타인 임시자치 정부 원칙 선언

1항: 현재의 중동 평화과정 내에서 이스라엘-팔레스타인 대표
들의 목표는 서안과 가자 지구에 있는 팔레스타인인들을 위한
팔레스타인 임시자치 정부와 선거를 통한 의회의 수립이다.
그 목표는 5년 이내의 임시 기간 동안, 유엔 안보리 결의 242호
와 338호에 토대를 둔 영구적인 해결책으로 이끌고, 242호와
338호 결의를 이행할 것이다.

이 협상이 궁극적으로 팔레스타인 국가를 창설할 것이라고 선전되었으나, 임시자치 정부 원칙 선언의 어느 조항도 점령지에서 이스라엘의 정책을 저지하고 팔레스타인 국가를 수립한다는 내용을 포함하지 않았다. 유엔 결의 242호의 해석과 관련하여 이스라엘 측은 이집트와 1978년 캠프 데이비드 조약을 맺었을 때 이미 시나이반도로부터 철군했기 때문에 서안과 가자 지구로부터 철군할 필요가 전혀 없다고까지 주장한다. 따라서 이제 이스라엘이 242호 결의를 공식적으로 시인하는 것은 서안과 가자 지역으로부터의 철군 실행 여부와는 사실상 아무런 관련이 없게 되었다.

후속 협상으로 체결된 오슬로 I 협정(1994년 5월 4일)은 카이로에서 미국, 러시아, 이집트의 참관하에 노동당 정부의 이츠하크 라빈과 팔레스타인 측 대표로 PLO 의장 야세르 아라파트에 의해서 체결되었다. 이 협정으로 가자와 제리코에서 팔레스타인 자치 정부가 설립되었다. 이 협정에 따라, 팔레스타인 자치 지역에서까지 이스라엘 정부는 점령촌, 군사기지와 이스라엘인들에 대한 권리를 계속해서 가지고 있다. 반면 팔레스타인 자치 정부는 자치 지역 외곽에 대한 안보권조차 갖고 있지 못하기 때문에, 이스라엘의 일방적인 공격에 대해서도 무방비 상태일 수밖에 없을 뿐만 아니라, 자치 지역은 외곽지역에 배치된 이스라엘군에 의해서 포위된 상태다. 물론 팔레스타인 자치 당국은 외교권도 갖지 못했다. 한 걸음 더 나아가 이스라엘은 군 당국을 통해서 자치 지역 내의 입법 · 사법 · 행정권을 계속해서 행사한다. 뿐만 아니라 이스라엘 시민권자들과 시민권이 없는 팔레스타인인들을 차별하여 팔레스타인인들에 대한 이스라엘의 인종차별 행위를 합법화하였다.

1995년 9월 28일 체결된 오슬로 II 협정의 정식 명칭은 '서안과 가자 지구에서의 팔레스타인 이스라엘 임시 협정'이다. 이 협정은 팔레스타인 자치 지역을 가자와 제리코 이외의 서안 지역으로 확대하였다. 이 조약의 서명에는 미국, 러시아, 이집트, 요르단, 노르웨이, 유럽 연합이 참관하였다.

오슬로 II 협정

수십 년 동안의 대결을 끝내고 평화적인 공존, 상호 존중, 안보 속에서 살기 위하여 상호의 합법적 · 정치적 권리를 인정하면서 … 현재의 중동 평화 과정에서 이스라엘과 팔레스타인 협상자들의 목적은 팔레스타인 임시자치 정부를 수립하는 것이다. … 이 협정에 포함된 임시 자치 정부 합의는 전 평화 과정에서

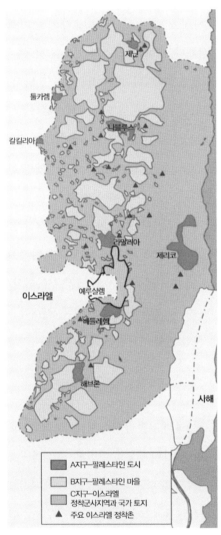

제닌

툴카렘

나블루스

칼킬리아

라말리아

제리코

이스라엘

예루살렘

베들레헴

헤브론

시해

A지구-팔레스타인 도시
B지구-팔레스타인 마을
C지구-이스라엘
정착군사지역과 국가 토지
▲ 주요 이스라엘 정착촌

오슬로 II 협정

절대적으로 필요한 부분이고, 최종 지위 협상들은 1996년 5월 4일 이전에 시작될 것이며, 안보리 결의 242호와 338호의 이행으로 귀결될 것이다 … 이러한 합의들과 함께 팔레스타인인들이나 이스라엘인들에 의하여 저질러지는 테러리즘, 폭력, 선동 행위들과 위협들에 대하여 직접적이며 유효하게 그리고 효과적으로 대처하도록 상호 약속한다.

이 협정에서 이스라엘과 팔레스타인은 '테러리즘, 폭력, 선동 행위와 위협'에 대하여 효과적으로 대처하겠다고 약속하였다. 그런데 여기서 말하는 '테러리즘, 폭력, 선동 행위와 위협'은 바로 1987년 12월부터 시작된 민중봉기를 뜻한다. 왜냐하면 이스라엘은 군대를 보유하고 있는 정식 국가이기 때문에 팔레스타인인들에 대한 물리적 조치는 군사작전이 되며, 이러한 군사작전은 안보를 위한 차원이므로 테러로 분류되지 않았다. 그러나 팔레스타인인들은 국가도 없고, 군대도 없고 이스라엘에 대항하는 것 자체가 불법이기 때문에 이들의 행위는 '테러'로 분류된다. 오슬로 과정에서 팔레스타인 자치 정부 경찰이 수립되었다 하더라도 이는 이스라엘에 대항해서 활동하는 것이 아니라 '이스라엘에 대항하는 팔레스타인 불순 세력들'을 제압하는 데 활용하도록 되어 있었다. 따라서 전문의 내용은 팔레스타인인들에 의해서 저질러지는 이스라엘 안보 위협을 팔레스타인 자치 정부를 수립함으로써 제거하고자 한 것이었다. 그러므로 이스라엘 입장에서 이 자치 정부는 국가의 형태를 취할 필요가 없었으며, 이스라엘에 대항하는 불순한 팔레스타인인들을 통제할 정도로만 강력하면 되었다.

이 협정에 따라 이스라엘 군대는 팔레스타인 자치 도시 주변 지역으로 재배치되면서 팔레스타인 자치도시의 입구를 지키고 도시 전체를 포위하였다. 반면 팔레스타인 경찰의 역할을 자치 도시 내부의 공공질서 유지와 내부 보안에 국한된다. 즉 이 협정에서 규정하는 팔레스타인 경찰의 역할이란 일종의 커다란 감옥 안의 간수의 역할과 비슷하게 보인다.

게다가 오슬로II 협정은 서안을 A, B, C 세 영역들로 분할하였다. A 지역은 팔레스타인 자치 정부가 행정과 보안을 완전하게 관할하는 곳으로 서안의 2%를 차지한다. B 지역은 팔레스타인 자치 정부의 행정 관할 영역이지만 보안은 이스라엘과 팔레스타인 자치 정부가 협력하는 지역으로 서안의 26%를 차지한다. C 지역은 이스라엘이 완전하게 행정과 보안을 통제하는 지역으로 서안의 72%에 해당하며, 이곳이 바로 협상의 대상이었다.

오슬로 협상자들은 사실상 C 지역에서 다수의 이스라엘 점령민들의 존재와 투자를 합법화시킴으로써 이 지역에 대한 이스라엘의 주권을 인정하였다. 한 걸음 더 나아가 팔레스타인 협상자들은 A 지역과 B 지역에 있는 이스라엘의 재산권에 도전하지 않기로 양보하였다. 그러나 C 지역에서 팔레스타인인들의 합법적 권리와 재산을 존중하겠다는 이스라엘 정부의 약속은 전혀 없었다. 이 협상 이후에 이스라엘은 '영토와 평화의 교환'으로 서안을 팔레스타인인들에게 돌려주겠다고 선언하여 마치 자신들이 역사적인 양보를 한 것처럼 선전하였으나, 당시 이스라엘은 결코 영토를 합법적으로 소유하지 않았다. 그러나 오슬로 팔레스타인 협상자들이 C 지역에 대한 완전한 지배권을 이스라엘에게 넘겨주는 오슬로 II에 동의함으로써, 팔레스타인인들은 서안의 대부분에 대한 통제권을 잃었고, 이스라엘 점령촌 팽창을 중지시킬 가능성마저도 사라졌다.

최초의 중동 평화협정이라고 일컬어지는 1978년 캠프 데이비드 협정을 처음 시작한 정치인은 우파 리쿠드당 정부의 베긴 총리였고, 일반적으로 오슬로 과정의 시작이라고 불리는 마드리드 회의도 리쿠드당 정부의 샤미르 총리가 시작했다. 또 오슬로 협정의 토대가 1978년 캠프 데이비드 협정에 있음을 염두에 둔다면, 협상을 통한 국제사회에서의 이미지 만들기는 리쿠드당 정부가 시작하였고 좌파 노동당 정부가 실행하였으므로 점령 정책에 관한 한 노동당 정부와 리쿠드당 정부의 차별성은 없다. 이스라엘의 점령촌 정책은 교체되는 정부와는 상관없이 연속성을 가지고 줄기차게 전개되어 왔다. 다음의 이스라엘 점령민 증가 표들이 이것을 증명할 것이다.

⟨표3⟩ 서안과 가자에서의 이스라엘 점령민 증가

연도	1970	1977	1980	1984	1988	1990	1992	1993
인구	1,514	5,023	12,424	32,600	66,300	76,000	123,184	114,900
연도	1994	1995	1997	1998	1998	2000	2001	2002
인구	141,222	146,207	161,000	176,500	176,500	203,067	213,672	226,028
연도	2003	2008	2013	2014	* 2004년 가자에는 7,826명의 이스라엘 점령민 거주, 2005년 8월 가자의 이스라엘 점령촌 완전 철거			
인구	231,400	290,400	365,500	400,000				

⟨표4⟩ 동 예루살렘에서의 이스라엘 점령민 증가

연도	1972	1977	1981	1983	1986	1992	1995	1996
인구	9,200	33,300	59,000	76,095	103,900	124,400	140,700	160,400
연도	2004	2007	2010	2014	* 2014년 이스라엘 점령지 골란고원(시리아 영토)에는 21,000명의 이스라엘 점령민들이 거주.			
인구	181,578	189,708	198,629	300,000-350,000				

6. 팔레스타인 난민 축출은 현재 진행형

이스라엘은 1948년 전쟁으로 인한 난민이 52만 명이라고 공식 발표하였다. 반면 이 전쟁 이후 수립된 유엔 팔레스타인 조정위원회의 발표는 그 이상이었다. 72만 6천 명의 팔레스타인인들이 주변 아랍 국가나 그 밖의 곳으로 피난하였고, 약 3만 2천 명의 팔레스타인인들이 휴전선 내의 피난민이 되었다. 이 피난민들은 모두 이스라엘이 장악한 지역에 살던 사람들이었으며, 이들을 제외한 10만 명 정도의 팔레스타인인들이 이스라엘 국내에서 소수자로서 존재하게 되었다. 이때 팔레스타인 전체 마을의 50%가 넘는 약 531개의 아랍 마을과 도시들이 파괴되었다.

1950년 3월 이스라엘 정부는 아랍인들의 토지 몰수를 정당화하기 위하여 이스라엘 의회는 '부재자 재산법'을 공포하였다. 이 법은 팔레스타인 분할안이 의결된 날인 1947년 11월 2일 현재 아랍 국가의 시민이었거나 아랍 국가에 거주하고 있던 사람들과 팔레스타인 거주자라 할지라도 본인의 거주지를 떠나 있던 사람들은 이유를 불문하고 모두 부재자로 분류되었다. 이때 부재자의 재산은 점유자에게 귀속되며, 당시 재산 점유자들은 전 재산을 이스라엘 정부에 팔았다. 이로써 이스라엘 정부는 손쉽게

100만 아랍인의 재산 강탈을 제도화하였다.

<표5> 팔레스타인 난민 통계(UNRWA)

	서안	가자	요르단	레바논	시리아	총계
1950년	요르단에 포함	198,227	506,200	127,600	82,194	914,221
1975년	292,922	333,031	625,857	196,855	184,042	1,632,707
2006년	722,302	1,016,964	1,858,362	408,438	442,363	4,448,429
2015년	942,184	1,349,473	2,212,917	493,134	591,780	5,589,488
	(16.8%)	(24%)	(40%)	(8.7%)	(10.5%)	(100%)

게다가 '부재자 재산법'을 채택한 지 3개월이 채 안 된 7월 이스라엘 의회는 '귀환법'을 공포하였다. '귀환법'은 "모든 유대인은 새로운 이주자로서 이스라엘로 돌아올 권리를 가지며 완전한 이스라엘 시민권을 받는다."고 규정하였다. 결국 이스라엘은 '부재자 재산법'과 '귀환법' 제정을 통해서 제도적으로 아랍인들을 추방하고 이스라엘인들을 이주시켰다. 이 법은 현재까지 유효하며, 이스라엘은 팔레스타인인들 추방 정책과 이스라엘인 이주정책을 추진하고 있다.

2017년 8월 이스라엘 일간 하레츠에 따르면, 이스라엘이 네게브에 거주하는 수백 명의 베두인들의 이스라엘 시민권을 취소하

1948년 전쟁 난민

여, 이 베두인들은 국적 없는 사람들이 되었다. 이들 중 일부는 40년 동안 이스라엘 시민이었고, 이스라엘 군대에서 복무했으며, 세금을 납부하였다. 그러나 이 베두인들의 이스라엘 시민권은 단 한 번 단추를 누름으로써 손쉽게 말소되었다. 이스라엘 내무부는 시민권이 실수로 그들에게 부여된 것이라고 주장할 뿐, 그 이상 설명하지 않았다. 이러한 상황은 네게브 베두인들에게 만연되고 있는 현상이며, 이스라엘 시민권을 가진 팔레스타인인들 누구에게나 발생할 수 있는 현실이다.

2016년 현재 서안, 가자, 요르단, 레바논, 시리아와 그 외 지역에 약 790만 명 이상의 팔레스타인 난민들이 존재한다. 이는 전 세계 팔레스타인인 1,210만 명 중 약 65%를 차지한다. 팔레스타인 난민들의 거의 절반은 국적이 없다. 난민들 다수는 점령당한 팔레스타인 영토와 주변 아랍 국가들에 거주하며, 이 난민들 중 약 71%는 난민 캠프 밖에서 생활한다. 2016년 현재 약 560만 명 정도가 UNRWA(유엔 팔레스타인 난민 구호사업 기구)에 등록되어 있으며, 이들은 전 세계 팔레스타인 인구의 약 46%를 차지한다.

팔레스타인 난민들이 거주하고 있는 주변 아랍 국가들에서도 2차, 3차에 이르는 대규모 난민 축출은 현재에도 발생하고 있다. 예를 들면, 2011년 이후 계속되는 시리아 내전으로, 12개의 팔레스타인 난민 캠프 중 다섯 캠프는 파괴되거나 접근할 수 없다. 내전에도 불구하고, 시리아에 남아 있는 팔레스타인 난민 45만 명 중 28만 명이 다시 한 번 시리아의 다른 지역으로 피난을 갔고 다시 난민이 되었다. 또 약 5만 9천 명의 팔레스타인 난민은 시리아 밖으로 강제 축출되어, 4만 2천 명은 레바논으로, 1만 7천 명 이상은 요르단으로 이주하였다. 이처럼 팔레스타인 난민 문제는 현재 진행형이다.

7. 끝없는 분쟁

2018년 7월 19일, 이스라엘 의회는 '민족 국가 법'을 통과시키면서, 예루살렘을 포함한 역사적인 팔레스타인 땅 전역의 유대화 정책에 정점을 찍었다. 이 법은 다음 원칙을 천명하였다. 첫째, 이스라엘 땅(역사적 팔레스타인)은 유대인들의 역사적 고향이다. 이곳에 이스라엘 국가가 건설되었다. 둘째, 이스라엘 국가는 유대인들의 고향이다. 여기서 유대인들은 천부적, 종교적, 역사적 자결권을 성취한다. 셋째, 이스라엘 국가에서 민족 자결권을 행사할 권리는 유대인들에게만 있다. 통합된 예루살렘은 이스라

동 예루살렘 구도시-알 아크사 모스크 복합단지

엘 수도이고, 이스라엘의 공식 언어는 히브리어이며, 이스라엘은 유대인 이민과 귀환을 위해 개방되어 유대 정착촌(점령촌) 개발을 민족의 가치로 간주하며, 유대 정착촌 건설과 강화를 고무시키고 촉진시키는 조치를 취할 것이라고 명시하였다.

이 법은 예루살렘(시온)을 포함한 역사적인 팔레스타인 땅의 전면적인 유대화를 강화하면서, 아랍-이슬람 문화를 일소하는 중요한 토대로 작용할 것이다. 유대화 정책의 핵심 대상에는 8세기 초에 건설된 이슬람 성지, 예루살렘 알 아크사 모스크 복합단지가 있다. 예루살렘은 예언자 무함마드와 초기 무슬림들의 기도 방향이었으며, 알 아크사 복합단지는 '예언자 무함마드가 메카로부터 예루살렘으로 알 부라ㄲ라는 날개 달린 인면 말을 타고 밤의 여행을 하였고, 하늘로 승천했다고 전해지는 장소'이기도 하다.

그런데 팔레스타인인들은 이스라엘이 알 아크사 복합단지를 파괴하고, 그 자리에 유대교 성전 건설을 계획하고 있다고 생각한다. 2018년 7월 27일 알 아크사 모스크 금요일 예배에서, 알 아크사 모스크 최고 이맘이며, 이슬람 최고위원회 의장인 셰이크 아크리마 사브리는 지속적으로 공격당하는 알 아크사 모스크와 관련하여 다음과 같이 설교하였다.

셰이크 아크리마 사브리의 금요 설교

알 아크사 모스크는 이스라엘 공격의 표적이 되고 있으며, 며칠 전에 이스라엘이 땅을 파헤치는 과정에서, 알 아크사 모스크 서쪽 벽 돌 몇 개가 떨어져 나갔다. 이스라엘이 이렇게 땅을 파헤치는 이유는 3천 년 전 건설된 솔로몬 성전 터라는 허황된 주장을 입증하는 단 하나의 돌이라도 찾기 위한 것이라고 알려져 있다. 그러나 그 진짜 이유는 알 아크사 모스크를 제거하는 것이다.

하나님이 알 아크사 모스크를 보호하신다. 하나님의 도움으로, 무슬림들은 알 아크사 모스크를 방어한다는 것을 분명히 밝힌다. 알 아크사 모스크는 협상 대상이 아니다. 아무도 알 아크사 모스크에 대해서 협상할 권리가 없고, 알 아크사 모스크 땅을 단 한 뼘도 양도하지 못한다. 알 아크사는 우리의 교의의 일부이며, 여러 세대에 걸쳐 오늘날까지 내려온 유산이다. 우리 팔레스타인인들은 여전히 높은 자긍심을 가지고 있다. 이스라엘 점령 세력은 '민족 국가 법'을 제정함으로써 예루살렘 팔레스타인인들에게 억압적인 조치들을 부과하고 있다. 예루살렘 팔레스타인인들은 결코 자신들의 합법적인 권리를 포기하지 않을 것이고, 알 아크사 땅을 단 한 뼘도 넘겨주지 않을 것이다.

이러한 이스라엘/팔레스타인 분쟁 상황에도 불구하고, 2018년 11월 사우디는 '팔레스타인인 정체성과 난민 귀환권'을 종식시키기 위한 이스라엘-사우디 양자협정을 체결하였다. 이 양자협정의 일환으로 사우디는 요르단 거주 팔레스타인 난민, 동 예루살렘 거주 팔레스타인인, 팔레스타인-이스라엘 시민들에게 요르단 국적을 부여하라고 요르단을 압박하고 있다. 이러한 방식으로 사우디는 동 예루살렘과 이스라엘 내부에 거주하는 팔레스타인인들을 완전히 축출하고, 완전한 유대인 국가를 추구하는 이스라엘 정책에 협력하는 모습을 보이고 있다.

사우디, 요르단, 카타르, 아랍에미리트를 비롯한 걸프 아랍왕국들과 이스라엘은 20세기에 영국의 후원으로 건설되었고, 현재 이스라엘/팔레스타인 분쟁에서 중요한 역할을 하고 있다. 이 아랍왕국들은 영국의 보호 통치를 벗어나면서, 미국과 정치, 경제, 군사적으로 매우 긴밀한 협력 관계를 유지하는 상태이다. 이스라엘/팔레스타인 분쟁에서 중요한 역할을 하는 이집트 정부 또한 이스라엘과 협력하고 있다. 따라서 이 아랍왕국들과 이집트가 미국의 정책을 거스르며 팔레스타인인들을 위해서 어떤 행위를 할 가능성은 거의 없다.

영국이 팔레스타인 지역 문제에 깊이 개입하면서 시온주의자

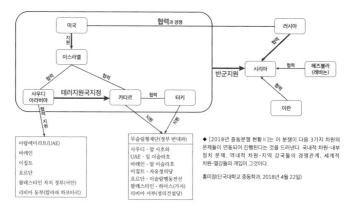

협력과 경쟁

미국
지원
이스라엘

러시아

협력

시리아
협력
헤즈볼라
(레바논)

반군지원

협력

이란

사우디
아라비아
테러지원국지정
카타르
협력
터키

협력

지원

지원

지원

아랍에미리트(UAE)
바레인
이집트
요르단
팔레스타인 자치 정부(서안)
리비아 동부(칼라파 하프타르)

무슬림형제단(정부 반대파)
사우디 - 알 사흐와
UAE - 알 이슬라흐
바레인 - 알 이슬라흐
이집트 - 자유정의당
요르단 - 이슬람행동전선
팔레스타인 - 하마스(가자)
리비아 서부(정의건설당)

◆ [2018년 중동분쟁 현황 II]는 이 분쟁이 다음 3가지 차원의 문제들이 연동되어 진행된다는 것을 드러낸다. 국내적 차원-내부 정치 문제, 역내적 차원-지역 강국들의 경쟁관계, 세계적 차원-열강들의 개입이 그것이다.

홍미정(단국대학교 중동학과, 2018년 4월 22일)

2018년 중동 분쟁 현황표

이주민들이 주도하는 이스라엘 국가가 건설되었고, 토착 팔레스타인인들과의 사이에서 분쟁 구도가 창출되었다. 미국은 이스라엘에 대한 절대적인 후원자라는 측면에서 영국의 정책구도를 거의 답습하고 있는 실정이다. 게다가 전통적으로 이스라엘/팔레스타인 분쟁에서 유럽 국가들과 러시아(소련 포함)는 친이스라엘 정책을 펴는 미국과 입장을 공유했다.

따라서 〈2018년 중동 분쟁 현황표〉가 보여주듯이. 현재 미국은 이 지역 정세를 결정하는 가장 중요한 행위자이다. 미국의 이스라엘/팔레스타인 정책에서 '폭력적인 팔레스타인인들의 이스라엘 안보 위협'이라는 대전제가 바뀌지 않는 이상 정상적으로 기능할 수 있는 팔레스타인 국가란 거의 불가능하다. 2012년 11월 29일 팔레스타인은 유엔에서 표결권이 없는 '비회원 옵서버 국가' 지위를 획득하였다. 그러나 여전히 팔레스타인은 실효적으로 통치할 수 있는 영토가 없는 유엔 문서상의 국가다. 현재 이스라엘은 하루도 빠짐없이 동 예루살렘과 서안 지역에 점령촌을 건설하고, 팔레스타인인을 공격하고, 팔레스타인인들의 재산을 강탈하고 있다. 특히, 알 아크사 모스크가 있는 동 예루살렘과 아브라함 모스크가 있는 헤브론, 서안의 중심지인 나블루스 지역이 집중 공격을 당하고 있다.

21세기 최악의 참극,
시리아 전쟁

김재명

20세기 사람들은 동유럽의 발칸반도를 가리켜 '세계의 화약고'라 말했다. 1914년 사라예보를 방문한 오스트리아-헝가리 제국의 황태자 부부가 폐결핵을 앓는 19살 세르비아 청년이 쏜 총에 맞아 숨을 거두자, 제1차 세계대전이 터졌다. 그래서 발칸반도를 '세계의 화약고'라 했다. 21세기의 '세계의 화약고'는 중동 지역이다. 이스라엘-팔레스타인, 이라크, 레바논 등지에서 2000년 이후로 줄곧 유혈 분쟁이 일어났다. 2011년부터 8년 넘게 가장 많은 전쟁 희생자를 낸 곳이 중동 지역의 시리아다.

1. 2대에 걸친 독재와 '아랍의 봄'

시리아의 현대사는 굴곡진 중동 현대사의 한 페이지를 차지한다. 시리아는 1946년 프랑스로부터 독립한 뒤 응집력 있는 민족국가를 이루지 못하고 비틀거렸다. 국가에 대한 충성심보다는 종족, 종파, 지역으로 갈려 있어 일체감 있는 정치공동체를 구성하지 못했다. 잇단 군부 쿠데타로 정치적 불안에 시달려야 했다. 독립 초기부터 시리아는 잇단 군부 쿠데타로 몸살을 앓았다.

1970년 국방장관 하페즈 알 아사드는 무혈 쿠데타로 정권을 잡은 뒤 '아랍의 비스마르크'라는 별명을 들으며 30년 동안 철권을 휘둘렀다. 특히 1978~1982년에 걸쳐 하페즈는 대규모 검속과 투옥, 처형으로 '무슬림형제단'과 같은 체제 위협 세력의 씨를 말리려 들었다. 그 살벌했던 기간 동안에 적어도 1만 명, 최대 2만 5천 명이 죽임을 당했다. 1982년 시리아 중부도시 하마에서 벌어졌던 대량 학살은 하페즈의 잔혹성을 말할 때 빼놓을 수 없는 대목이다. 하페즈가 2000년에 죽자, 안과 의사였던 아들 바샤르 알 아사드(1965년생)가 대통령에 올랐고 아버지와 마찬가지로 독재권력을 휘둘러 왔다.

시리아 전쟁이 터지기 전에 나는 시리아를 두 번 다녀왔다. 시리아에 머무는 동안 곳곳에서 아사드 부자의 대형 얼굴 사진과 마주쳐야 했다. 도서관이나 우체국 같은 공공장소는 물론이고 작은 식당에도 그들의 사진이 어김없이 내걸려 있다. 영국 작가 조지 오웰의 소설 『1984』에 나오는 '빅 브라더'의 모습과 다름없었다.

독재자 아사드에게 위기가 닥친 것은 2011년부터다. 중동지역의 민주화를 요구하는 민중들의 시위가 들불처럼 번졌다. 국제

시리아는 어딜 가나 철권 통치자 아사드 부자의 사진들과 마주쳐야 한다

사회는 이 현상을 가리켜 '아랍의 봄'이라고 일컫는다. 북아프리카 튀니지에서 처음 시작된 아랍의 봄은 튀니지의 이웃 국가 리비아, 이집트를 거쳐 쓰나미처럼 시리아로 몰려들었다. 시리아 독재자 아사드는 민주화 요구를 거부하고 잔혹한 탄압에 나섰고, 이에 맞서 시리아 시민들은 총을 들었다. 많은 시리아 정부군 병사들도 독재정권의 하수인이 되는 것을 거부하고 탈영해 시민군으로 들어갔다. 시리아는 곧 엄청난 전쟁의 불길에 휩싸였다.

2. UN조차 손을 든 사망자 통계

시리아 거리가 처음부터 총격과 포연으로 뒤덮인 것은 아니다. 민주화와 개혁을 요구하는 평화적 시위가 아사드 정권의 강경 진압으로 희생자가 늘어나자, 끝내 본격적인 무장 충돌 양상으로 치달았다. 지금 시리아의 상황은 '민주화 혁명' 과정의 진통 차원을 넘어 '전쟁' 국면이다.

흔히 시리아에서 여러 해 동안 벌어져 온 유혈충돌을 '시리아 내전'이라 부른다. 내전은 한 국가 안에서 이해관계가 크게 다른 무장세력들이 벌이는 유혈사태를 뜻하므로, 시리아의 아사드 독재정권의 군대(시리아 정부군)와 그에 맞선 반군 사이의 전쟁을 '내전'이라 일컬어도 틀린 말은 아니다.

하지만 그동안 시리아에서 전투를 벌여 온 세력은 정부군과 반군뿐 아니다. 미국, 러시아, 이스라엘, 이란, 사우디아라비아, 레바논(헤즈볼라 민병대), 터키도 있다. 중동 지역에 저마다 다른 이해관계를 지닌 이들 외부 세력은 시리아 유혈사태에 끼어들어 전쟁의 흐름에 영향을 미쳐 왔다. 따라서 '시리아 내전'이란 표현보다는 '시리아 분쟁' 또는 '시리아 전쟁'이란 표현이 더 정확하다. 이 책에서는 '시리아 전쟁'이란 용어를 쓴다.

일반적으로 전쟁 연구자들이 널리 합의하는 전쟁 개념의 양적 기준은 '1년 동안 쌍방 사망자 1천 명'이다. 시리아는 이 기준선을 분쟁 발생 첫해인 2011년에 이미 넘어섰고 2012년에서 2019년에 이르는 8년 동안 해마다 사망자가 1천 명을 훨씬 웃도는 '전쟁 중인 국가'가 됐다.

2011년부터 벌어진 전쟁으로 시리아에선 많은 사람들이 죽고 다치고 집과 재산을 잃었다. 한마디로 '21세기 초 지구촌이 맞닥뜨린 최대의 재앙'이라 할 만큼 많은 사람들이 피와 눈물을 흘렸다. 해마다 적게는 5만 명, 많게는 7만 명 이상의 사망자를 낳아온 것으로 추정될 뿐 전쟁 희생자의 정확한 통계는 내기 어렵다.

여러 해째 이어진 전쟁은 시리아를 석기시대로 되돌렸다.
피해 상황을 살펴보는 유엔 차량 행렬

국제사회의 중심인 국제연합(UN)조차도 2015년부터는 시리아 전쟁 희생자 집계를 못하겠다고 손을 든 상태다. 시리아 전쟁 사망자가 50만 명을 넘어섰다고 하지만, 어디까지나 추정치일 뿐이다.

3. 팔레스타인을 웃도는 난민 위기

전쟁이 터지면, 오랫동안 살던 집과 고향을 떠난 난민들이 안전한 정착지를 찾아 헤매며 겪는 고난은 말로 다하기 힘들다. 시리아 전쟁의 경우도 예외는 아니다. 지난 2015년 터키 해변에서 발견된 3살배기 아일란 쿠르디의 시신은 시리아 전쟁의 비극성을 새삼 일깨운 바 있다. 허술한 고무보트를 타고 건너 터키, 그리스, 이탈리아로 향하는 시리아 난민들이 지중해에서 빠져죽었다는 소식은 너무나 자주 우리 귀에 들려온다.

시리아 전쟁의 심각성은 시리아가 세계 최대의 난민을 배출한 국가라는 점에서도 나타난다. 시리아에서 전쟁이 터지기 전까지만 해도 세계 최대의 난민은 팔레스타인 난민이었다. UNHCR이 해마다 세계 난민의 상황을 집계해 발표하는 〈글로벌 동향보고

눈을 맞으며 터키의 난민수용소로 피란 온 모녀의 지친 모습

서〉(Global Trends Report)에서 시리아 난민이 팔레스타인 난민 숫자를 넘어선 것은 2015년부터였다. UNHCR이 추정하는 시리아 난민은 630만 명에 이른다(2017년 말 기준).

시리아의 경우 국경을 넘은 전통적 의미의 난민(refugee)들과 구별되는 국내실향민(Internally Displaced Persons, 약칭 IDPs) 문제도 빼놓을 수 없다. IDPs는 국경을 넘은 난민들의 고난 못지않은, 아니 국제구호 기관의 도움도 받지 못해 더 어려운 상황에서 날마다 죽음의 공포에 떨어야 한다. 시리아 IDPs 숫자는 620만 명으로, 전 세계 IDPs 4,080만 명 가운데 가장 많다(2017년 말 기준).

UNHCR 자료에 따르면, 시리아 난민의 75%는 여성과 아이들이다. 일부 여성 난민들은 가족을 먹여 살리기 위해 길거리에서 몸을 팔고, 어린이들은 구걸이나 벽돌 나르기 등 힘든 일을 한다. 중동의 이슬람 종교 자선단체들이 무슬림 형제애를 바탕으로 이들 난민들을 돕고자 하지만, 워낙 숫자가 많아 큰 도움을 주지 못하는 게 현실이다.

4. 시리아 전쟁은 종교 전쟁인가

시리아 인구 1천8백만 명(2017년 추정) 가운데 △수니파 무슬림은 74%로 시리아 사람 4명 가운데 3명은 수니 무슬림이다. 나머지는 △시아파 무슬림 13%(시리아 독재자 아사드가 속한 알라위파 포함), △기독교 10%, △드루즈 3% 등이다. 시아파의 한 분파인 알라위파 사람들은 세속적인 성향을 보이며 이슬람근본주의 성향과는 거리가 멀다.

이슬람 시아파나 수니파 모두 시리아 전쟁이 종파 간의 전쟁이 아니라고 주장한다. 시리아 정부는 정부대로 반란을 진압하고 테러 위협으로부터 사회질서와 안정을 되찾으려는 노력이라고 강변하며, 반란군은 독재정권을 무너뜨리려 싸울 뿐이라 주장한다. 시리아 독재자 아사드는 기회 있을 때마다 테러분자들의 위협으로부터 국가의 안정을 지키겠다고 강조한다. 시리아의 다수를 차지하는 수니파가 결코 그의 적이 아니라는 의미를 담고 있다.

시리아 전쟁에 뛰어든 무장 세력은 매우 복잡하다. 큰 틀에서 보면 시리아 정부군과 그에 맞선 반군으로 나뉜다. 하지만 좀 더 자세히 들여다보면 4개 무장 세력으로 갈린다. 첫째는 시리아 아사드 독재정권의 시리아 정부군과 이들을 돕는 외국 세력(러시아, 이란, 레바논 헤즈볼라), 둘째는 민주화를 요구하는 반정부군과 그들을 돕는 외국 세력(미국, 터키, 사우디아라비아, 카타르), 셋째는 시리아에서 자치권을 확보하고 나아가 분리 독립을 꿈꾸는 쿠르드 족 세력, 넷째는 극단적 이슬람주의를 내세우는 이슬람 국가 무장 세력이다.

시리아 반군들은 스스로를 이른바 중동 지역 전문가라고 여기는 학자들이나 기자들조차 그 이름들을 기억하기 어려울 정도로 복잡하다. 갖가지 무장 조직들이 생겨났다가 없어지거나 또는 합치기를 거듭해 왔다. 아사드 독재정권에 맞서 싸운다는 같은 목표를 지닌 반군이라 하더라도, 이념적인 성향이나 외부 지원 세력이 달라 서로 총을 쏘며 전투를 벌이는 일들도 벌어졌다.

시리아 독재정권을 무너뜨리고 다마스쿠스에 어떤 성격의 정부를 출범시킬 것인가에 대한 생각들도 일치하지 않는다. 서유럽 국가들과 같은 자유민주주의 국가를 세워야 한다고 생각하는 반군들도 있는가 하면, 이란이나 사우디아라비아 같이 이슬람이 국가의 가장 중요한 가치가 돼야 한다고 믿는 이슬람 원리주의 성향을 지닌 반군들도 있다. 시리아와 이라크에 걸쳐 넓은 영토를 점령하고 한때는 시리아 정부를 위협하는 최대 무장 세력이었던 이슬람 국가(IS)가 바로 극단적인 이슬람 원리주의를 내세우는 반군 집단이다.

5. 전쟁이 빨리 끝나지 않은 까닭

시리아 전쟁이 오랫동안 이어진 까닭은 여러 가지로 풀이된다. 무엇보다 먼저 시리아 정부군과 반군 사이의 군사적 힘이 비슷했다는 점이다. 반정부 세력은 아사드 독재정권을 붕괴시킬만한 역량이 모자라고, 아사드 정권은 "더 이상 잃을 게 없다"며 격렬하게 맞서는 반정부 세력을 평정할 만한 힘이 모자랐다. 반군은 여러 갈래로 나뉘어 힘을 하나로 모아 다마스쿠스로 진격하지 못했고, 시리아 정부군은 민중의 강력한 저항으로 사기가 떨어져 반군을 압도할 수가 없었다. 아사드 독재정권이 국제사회의 비난을 무릅쓰고 화학무기를 사용해 온 데엔 체제 붕괴의 위기감도 작용한 것으로 풀이된다.

시리아 전쟁 초기에 서구의 여러 중동 전문가들과 언론 매체들은 아사드 정권이 곧 무너질 것이라 내다보았다. 그 예측은 틀린 것으로 드러났다. 독재 체제 내부의 결속도 결속이려니와 러시

아와 이란, 레바논 헤즈볼라 등 외세의 지원은 침몰해 가던 아사
드 독재정권이 위기에서 벗어나는 데 큰 도움이 됐다. 특히 러시
아군의 공습은 반군 지역에 멀쩡한 건물이 하나도 없을 정도로
피해를 입혔고, 반군의 사기를 떨어뜨리는 데 큰 영향을 미쳤다.

러시아뿐 아니라 미국도 아사드 독재 체제에 도움을 주었다.
한때는 수도 다마스쿠스를 위협했던 세력이 이슬람 국가(IS) 무
장 대원들이었다. 하지만 미국과 러시아의 공습과 군사개입으로
2017년 10월 본거지에서 쫓겨났고 2019년 봄에는 마지막 근거지
마저 빼앗기고 뿔뿔이 흩어졌다. 결과적으로 미국도 러시아와
마찬가지로 아사드 독재정권의 안정에 도움을 준 셈이 됐다.

6. 미국이 적극 개입 미룬 속사정

시리아 전쟁이 오래 끌게 된 데엔 (아울러 독재자 아사드의 군대가
처음의 수세 국면에서 벗어나 공세로 나서며 군사적 우위를 차지하게 된
데엔) 강대국들의 이해타산적인 정책 탓도 크다. 여기서 강대국
이란 미국과 러시아를 가리킨다.

시리아 전쟁을 바라보는 국제사회의 중심엔 미국이 있다. 워

싱턴 정치권에서도 시리아 전쟁에 미국이 적극 군사개입을 할 것인가, 외교적 협상으로 풀어나갈 것인가를 두고 논란을 거듭해 왔다. 시리아 유혈 사태가 세계적인 뉴스의 초점이 되기 시작한 2011년 초여름부터 버락 오바마 미 대통령은 "미국의 직접적 개입은 없다"는 점을 거듭 밝혀 왔다. 미국은 최대 동맹국인 이스라엘의 안보를 위협하지 않는 한 다마스쿠스의 시리아 전쟁에 적극 개입할 의지가 없다. 오히려 시리아 아사드 독재정권의 최대 위협 세력인 이슬람 국가(IS)에 대한 군사적 공세를 강화함으로써 독재정권을 이롭게 했다.

미국의 중동 정책을 움직이는 두 개의 축은 이스라엘의 안보 그리고 중동 석유의 안정적인 공급이다. 따라서 미국의 시리아에 대한 관심은, 시리아 전쟁이 이스라엘과 중동 산유국들의 이해관계에 어떤 영향을 미치는가에 모아진다. 미국이 시리아에 대한 적극적 군사개입을 망설인 데엔 독재자 아사드가 권좌에서 쫓겨나면 그 뒤 시리아 상황이 매우 불안정할 것이라 내다보기 때문이다. 2011년 리비아의 카다피 정권이 무너진 뒤 혼란이 이어지듯이, 시리아 알아사드 정권이 무너진 뒤에 들어설 정권이 어떤 성향을 지닐지는 알 수 없는 일이다.

1979년 호메이니를 지도자로 한 이슬람 혁명 뒤의 이란, 1990

년대 중반 아프가니스탄에 들어섰던 탈레반 정권, 또는 레바논의 헤즈볼라 같은 이슬람 근본주의 정치 세력이 시리아 정권을 잡는 구도는 미국으로선 '최악'이다. 국경을 맞댄 이스라엘의 안보에 악영향을 미치고, 미국의 중동 정책도 어려움을 겪을 것이 불을 보듯 뻔하다. 그렇다면 이스라엘에게 전혀 위협적이지 못한 지금의 독재자 아사드가 미국의 시각에서는 차라리 낫다.

시리아 전쟁 상황을 줄곧 지켜보아 온 나라 가운데 하나가 이스라엘이다. 지난날 시리아와 이스라엘은 거듭된 전쟁(1948년 제1차 중동전쟁, 1967년 제3차 중동전쟁, 1973년 제4차 중동전쟁 등)을 벌였다. 하지만 현재 아사드 정권은 전쟁으로 말미암아 이스라엘에 전혀 위협적이지 못하다. 과격하고 공격적인 이슬람 정권이 다마스쿠스에 들어서는 것보다는 지금의 아사드 독재정권이 낫다는 판단을 이스라엘은 내리고 있는 모습이다.

7. 독재자의 친구, 러시아 푸틴

알아사드에게 아주 고마운 친구가 하나 더 있다. 러시아 대통령 블라디미르 푸틴이다. 미군이 이슬람 국가 무장 세력을 겨냥한 공습을 벌인 꼭 1년 뒤인 2015년 9월부터 러시아군이 이슬람 국가 공습으로 시리아에 군사개입하기 시작했다. 러시아군은 오로지 이슬람 국가(IS)를 공습하는 미군과는 달리 짬짬이 반군의 근거지들을 공습했다.

시리아-러시아의 우호관계는 옛소련 시절로 거슬러 올라간다. 시리아군의 무기 체계는 미그 전투기와 미사일을 비롯해 옛 소련제로 채워져 왔다. 지금 러시아가 옛 소련 이외의 지역에 유일하게 해군기지를 두고 있는 곳이 지중해변의 시리아 타르쿠스 항구라는 점은 두 나라의 밀접한 관계를 잘 보여준다. 시리아는 러시아의 최신형 전투기 등을 수입하고, 러시아는 시리아의 인프라 확장공사, 천연가스처리공장 등에 연간 수백억 달러를 투자함으로써 서로의 이해관계를 이어 왔다.

러시아의 푸틴 대통령은 모스크바를 방문한 독재자 아사드를 따뜻이 반기면서 "전쟁은 전혀 걱정하지 마세요. 우리 러시아 공군이 앞장서 도와줄 겁니다"라는 말을 건넨 것으로 알려진다. 실제로 러시아군 전폭기들은 반군 지역의 아파트 건물들은 물론이고, 병원, 학교 등 폭격 대상을 가리지 않고 폭탄을 퍼부어 어린이들을 포함한 많은 인명 피해를 냈다. 2015년 후반부터 시리아 정부군이 우세를 보인 것은 러시아군 공습 덕이 크다. 뒤집어 보면, 반군이 독재자 아사드의 본거지인 다마스쿠스로 진격해 들어갈 기회를 놓친 데엔 러시아의 군사개입이 큰 몫을 차지했다.

8. 사우디-이란의 대리전쟁

수니파 종주국인 사우디아라비아, 시아파 종주국인 이란이 저마다 이해관계를 저울질하면서 개입한 것도 시리아 전쟁이 오래끌게 된 한 요인이다. 중동 지역 패권을 노린 사우디와 이란의 대리전(proxy war) 양상은 전쟁을 더욱 복잡하게 만들어 왔다.

시리아 전쟁은 중동의 해묵은 시아-수니 종파 간의 갈등을 부추겼다. 그 배경에는 수니파 종주국인 사우디아라비아와 시아파 종주국인 이란과의 오랜 갈등이 깔려 있다. 사우디를 비롯한 걸프 지역의 석유왕국들은 시리아 전쟁을 이란을 상대로 대리전을 벌일 기회로 활용하는 모습이다. 사우디아라비아와 이란은 시리아 전쟁을 민주-반민주 투쟁보다는 시아-수니 사이의 종파 분쟁으로 변질시켰다.

시리아 정부군의 강력한 공세에도 반군이 버틸 수 있는 힘은 수니파 국가들의 지원 덕이다. 특히 사우디와 카타르가 앞장서서 무기와 투쟁자금을 건네주고 있다. 사우디와 카타르는 2010년 봄부터 불어닥친 아랍의 봄을 자국의 영향력 확장에 이용하려는 모습을 보여 왔다. 아울러 시아파 종주국임을 자부하는 이란을 견제하려는 계산을 세우고 있다.

알아사드 독재정권에겐 이란과 레바논 헤즈볼라 세력의 지원이 큰 힘이 됐다. 레바논 헤즈볼라는 일부 무장 대원들이 시리아로 넘어가 아사드 독재정권을 위해 전투를 벌여 온 것으로 알려졌다. 특히 이란이 시리아 아사드 정권에겐 든든한 지원국이다. 시아파 종교 지도자 아야톨라 하메네이가 헌법상 대통령보다 높은 최고 지도자인 이란은 같은 시아파의 소수 종파인 알라위파가 권력자로 있는 시리아에 무기와 자금을 지원해 왔다.

9. 국제사회의 늑장 대응

끝으로 시리아 전쟁이 오래 끌게 된 데엔 국제사회의 무능한 대응을 빼놓을 수 없다. 유엔안전보장이사회는 미국과 러시아의 입장이 달라 시리아 평화를 위한 이렇다 할 해법을 제시하지 못했다. 기껏해야 일시적 휴전을 이뤄 내고 그 틈에 긴급 구호 활동을 펴는 것이 고작이다. 화학무기로 시리아 시민들을 희생시키는 전쟁범죄에 대해 UN 안보리는 단호한 조치를 취하지 못했다. 전쟁에 관한 국제법 문서들은 시리아에서 휴지조각이 됐다.

2011년 아랍의 봄을 타고 벌어진 시리아 전쟁은 처음엔 민주(반군)-반민주(시리아 정부군)의 대치 전선으로 시작됐다. 하지만 시간이 흐르면서 민주화보다는 다른 요인들이 우선하는 분쟁으로 변질된 모습이다. 여기에는 주변국들의 책임이 크다. 미국, 사우디아라비아, 이란 등 주변 국가들은 시리아 전쟁에 자국의 이해관계를 잣대로 개입하면서 전쟁의 성격을 변질시켰다.

미국은 이스라엘의 안보 관점에서 시리아 전쟁을 바라본다. 다마스쿠스의 정권이 이스라엘에 위협적인가 아닌가를 저울질하며 시리아를 바라보기에 적극 개입을 피해 왔다. 하지만 2014년 하반기 들어 이슬람 국가(IS) 세력의 급성장이 알아사드 독재정권을 붕괴시킬 경우 이스라엘 안보에 도움이 되지 않으리란 상황이 분명해지자, 무력 개입에 나섰다. 그러면서도 시리아 독재체제를 무너뜨릴 직접 군사개입은 피해 왔다.

이슬람 국가(IS)를 겨냥한 미국의 군사개입, 아사드 독재정권을 돕는 러시아의 군사개입, 이 두 강대국의 선택적 개입은 가뜩이나 휘발성 강한 중동의 유혈 투쟁에 기름을 부은 격이다. 21세기의 초강대국인 미국과 러시아가 각기 시리아 전쟁에 관심을 갖고 개입하는 이유는 뻔하다. 석유 자원이 묻혀 있는 중동 지역에서의 영향력을 잃지 않기 위해서다.

중동의 유혈 분쟁 당사자들인 각종 무장 정파들 그리고 이스라엘을 비롯한 주변 국가들은 미국과 러시아의 무력 개입이 자신에게 어떤 방향으로 작용할 것인가에 촉각을 세우고 있다. 한마디로 시리아 민주화보다는 각국의 이해관계가 우선이다. 주변국의 타산적 개입에 희생되는 것은 시리아 민중들이다. 그들의 바람대로 민주화가 이뤄질 날은 멀어만 보인다.

필리포 그란디 유엔난민기구(UNHCR) 고등판무관은 2016년 유엔사무총장으로 자리를 옮긴 안토니오 구테헤스의 후임자다. 그는 유엔난민기구에서 2018년 3월에 낸 문건 〈시리아 분쟁 7년〉 앞머리에서 시리아 시민들이 그동안 겪은 고난을 가리켜 국제사회의 '부끄러운 실패(shameful failure)' 탓이라고 못박았다. 시리아 전쟁을 끝내려는 국제사회의 정치적 의지(political will)가 굳건하지 못하고 머뭇거리다가 엄청난 비극을 키웠다는 지적이다.

그란디 고등판무관이 지적했듯이, 군사적 수단으로 시리아 전쟁을 끝내려면 패자와 희생자만 있을 뿐 승자는 없다. 어느 쪽에선가 "우리가 이겼다."고 선언하더라도 상처투성이일 뿐이다.

누가 이기든 희생자는 분명하다. 분쟁에 휘말려 생목숨을 잃은 시민들, 그리고 죽은 이를 기억하며 슬픔에 잠긴 채로 생존의 벼랑 끝에서 전쟁의 고통을 온몸으로 견뎌내야 했던 시민들이다.

10. 무차별 공습, 참혹한 전쟁범죄

시리아 정부군, 그리고 이들과 손잡은 러시아 공군의 폭격은 거의 전쟁범죄 수준이라 말해도 틀림이 없다. 반군의 근거지를 공격한다는 명분 아래 공격 목표를 가리지 않고 마구 포격을 해댔다. 이 때문에 주거 밀집지역은 물론 학교, 재래시장, 병원 시설도 공습을 피하지 못했다. 특히 많은 부상자들이 입원해 있는 병원들을 공격하는 것이 문제가 됐다. 동구타의 병원마다 수용능력을 넘어선 환자들이 죽음과의 사투를 벌여야 했다. 그런 사정을 알고도 포격을 해대는 것은 명백한 전쟁범죄이다. 병원에서 치료를 받던 환자가 정부군의 포격으로 죽는 일들이 벌어졌다. 병원의 한 의사는 영국 BBC 방송 인터뷰에서 이렇게 한탄했다.

"우리는 지금 21세기의 대학살을 목격하고 있다. 온갖 무기로 민간인을 살해하는 것이야말로 테러가 아닌가. 이건 전쟁이 아니라 살육일 뿐이다."

국제법학자들은 전쟁범죄를 가리켜 일반적으로 '전쟁과 관련된 국제법의 규정들을 어긴 범죄'라고 설명한다. 전쟁과 관련된 국제법 가운데 대표적인 것이 1949년에 빛을 본 제네바협약이다. 이에 따르면, 전쟁포로와 시민(비전투원)을 학대하고 사살하거나 민간인들의 재산을 마구잡이로 파괴하는 것은 전쟁범죄이다. 대량학살도 당연히 전쟁범죄에 속한다.

특히 논란이 되는 것이 화학무기 사용이다. 2011년 시작된 시리아 전쟁에서 대부분의 민간인 사상자는 시리아 정부군의 공격으로 생겨났다. 희생자 가운데 적지 않은 사람들은 화학무기로 죽었다. 시리아 전쟁을 다룬 다큐 '시리아의 비가'(2017년)에 나오는 화면은 화학무기가 우리 인간에게 얼마나 무서운지를 잘 보여준다. 시리아 정부는 사린가스, 염소가스, 겨자가스, VX가스, 타분가스 등 여러 가지의 화학무기를 보유해 왔다. 시리아는 전쟁이 터지기 전에 중동 국가들 가운데 가장 많은 화학무기를 갖고 있는 나라로 꼽혀 왔다. 전 세계적으로도 미국, 중국, 러시아에 이어 네 번째로 많은 화학무기 보유국이었다.

독재자 아사드는 민주화를 요구하며 총을 들고 싸우는 시리아의 시민들을 '세균'에 빗대어 말한다. "세균이 더 많이 늘어날수

시리아 정부군의 공습은 전쟁범죄로 비난 받아 마땅하다

록 박멸이 어려울 수 있다. 하지만 이 세균들은 우리 몸의 면역력을 높여준다. 우리 스스로 내부문제를 해결하고 애국적인 면역력을 낮추는 외부 간섭을 피해야 한다." 자신이 다스리는 나라의 국민을 세균이라 부르는 지도자가 또 있을까. 오랜 전쟁으로 사람들의 죽음에 대해 무감각해진 독재자 아사드는 화학무기를 국민들의 저항 의지를 꺾는 효과적인 무기로 마구 사용함으로써 아주 커다란 전쟁범죄를 저질렀다.

11. 국가를 이루지 못한 민족, 쿠르드 족

시리아 전쟁을 말하면서 쿠르드 족 얘기를 빼놓을 수 없다. 전 세계에서 나라를 이루지 못한 채 살고 있는 민족들은 많다. 머릿수로 따지면, 쿠르드(Kurd) 족은 지구상에서 하나의 국가를 이루지 못한 민족 가운데 가장 인구가 많다. 머릿수는 약 3천만~3천7백만 명에 이른다. 시리아에는 쿠르드 족이 2백만 명쯤 산다. 주로 시리아 북부지역에 몰려 사는 쿠르드 족은 전쟁이 터지기 전에도 시리아 독재자 아사드로부터 탄압을 받아 왔다. 그렇기에 이번 전쟁을 기회로 삼아 쿠르드 족은 시리아 중앙정부로부터 분리 독립을 하거나 적어도 자치 정부를 세우길 바랐다. 그런 꿈을 이루기 위해 초강대국인 미국이 바라는 대로 극단적 이슬람 무장 조직인 '이슬람국가(IS)'를 무너뜨리기 위해 총을 잡고 싸웠다.

쿠르드 족 출신들이 주력인 '시리아 민주군(SDF)'은 미국의 지원을 등에 업고 이슬람 국가 전사들과 치열한 전투를 치렀다. 그 가운데 이름이 널리 알려진 '인민수호부대(YPG)'는 SDF의 하부 조직이다. 시리아 쿠르드 족은 2천 명의 미군들과 손을 잡고 극단적 이슬람집단인 이슬람국가(IS) 세력에 맞서 전투를 벌였다. 2017년 10월 시리아 민주군(SDF)이 미군의 지원을 받아 이슬람 국가(IS)의 중심지인 시리아 북서부 도시 락까를 점령할 때도 쿠르드 족이 큰 힘을 보탰다. 이 무렵 쿠르드 사람들은 미국이 쿠르드 족의 독립 또는 자치를 도와줄 것이라 여겼다. 하지만 그것은 곧 헛된 희망이었음이 드러났다. 여기에는 터키와 미국의 이해관계가 얽혀 있다.

터키 정부는 시리아 전쟁이 터지기 전부터 오랫동안 터키 서부지역에서 쿠르드 족의 분리 독립 움직임 문제로 유혈충돌을 빚어 왔다. 이웃 시리아의 쿠르드 족이 터키 안의 쿠르드 족과 손을 잡고 분리 독립을 추진하는 상황은 터키로선 악몽과 같은, 전혀 바람직하지 않은 일이다. 결국 2018년 1월 터키군은 쿠르드 테러분자들을 소탕한다는 명분을 내세워 시리아 국경을 넘어 섰다. 시리아 안의 쿠르드 족은 터키군에 쫓겨 시리아 북서부로 밀려났다.

시리아 쿠르드 족은 바로 얼마 전까지 이슬람 국가(IS)를 상대로 한 전투에서 손을 맞잡았던 미국에게 도와 달라고 요구했다. 하지만 미국은 모르는 척하며 고개를 다른 데로 돌렸다. 터키는 미국에게 전통적으로 중요한 동맹국이기 때문이다. IS 격퇴전이 끝나자 쿠르드 족은 '토사구팽'(토끼 사냥이 끝나자 주인이 사냥개를 삶아 먹는다)이나 다름없는 상황에 내몰린 모습이다.

시리아 쿠르드 족은 IS와 격전을 치르면서도 그 '피의 대가'로 시리아 북부에서 자치 정부를 세우는 것이 꿈이었다. 하지만 현실은 가혹하기만 하다. 시리아 아사드 정권도 쿠르드 족이 장기적으로는 정권에 위협적인 존재라고 여기기에, 터키군이 시리아 영토를 침범해 들어와서 쿠르드를 공격하지만 이를 못본 체 하고 있다. 쿠르드 족은 "그렇다면 우린 또 강대국에게 이용 당한 거냐?"라며, 지구상의 힘없는 민족이 느껴야 하는 설움을 곱씹고 있다.

12. 군사적 해법보다는 정치적 해법

시리아 전쟁을 하루 빨리 끝내고 시리아에 진정한 평화를 가져오려면 어찌 해야 했을까. 군사적 해법이 아닌 정치적 해법이 바람직했다. 유엔안전보장이사회는 정치적 해법으로 시리아 전쟁을 끝내도록 해야 했다. 시리아 정부군이 군사적 해법으로 전쟁을 끝내도록 해선 안 된다는 얘기다. 하지만 시리아에 개입한 주요국들의 입장이 서로 엇갈렸다. 그런 탓에 독재자 아사드가 권좌에서 물러나도록 명분을 만들어주거나, 이제 그만 물러나라고 세차게 압박하지 못했다.

큰 틀에서 가장 바람직한 정치적 해법은 독재자 아사드가 스스로 물러나고, 민주적 절차에 따라 다마스쿠스에 민주정부가 들어서는 쪽이다. 칠레의 독재자 아우구스토 피노체트(1973~1990년 집권)처럼 면죄부를 받고 물러나는 수순도 생각해볼 수는 있다. 러시아로 망명해 푸틴의 보호를 받는 방식도 있다. 하지만 아사드로선 그럴 뜻이 없다. 지금껏 아사드 독재체제에서 기득권을 누려온 측근들도 아사드의 퇴진을 반대할 것이다.

군부 쿠데타나 암살 등 극적인 사건이 터진다면? 그 가능성은 말하기 어렵다. 시리아 정부와 반정부 세력 사이의 정치적 대화나 극적인 휴전 합의가 이뤄질 가능성도 낮아 보인다. 워낙 많은 피를 흘렸기에 서로에 대한 증오와 불신의 벽이 높아 대화를 막는 상황이다.

돌이켜 보면, 시리아 전쟁은 △미국과 러시아를 비롯한 강대국들의 이해관계 계산에 따른 방관자적인 자세 △유엔의 평화 조성 능력의 한계 △시리아 주변 이슬람 국가들의 종파적 대리전 양상이 맞물린 가운데 시리아 국민들에게 전쟁의 고통을 더했을 뿐이다. 특히 전쟁의 주요무대인 홈스, 알레포 같은 대도시는 정부군이 포위를 하고 통행을 막는 바람에 식량과 의약품이 바닥이 났고 주민들은 벼랑 끝 한계상황에 내몰렸고 많은 희생자를 낳았다.

13. 전쟁은 끝나도 평화의 길은 멀다

전쟁은 시리아 독재정권의 승리로 마무리됐다. 시리아 정부군은 지난 몇 년 동안의 수세 국면에서 완전히 벗어났다. 2018년 봄 다마스쿠스 동쪽 도시인 동구타를 화학무기로 마구잡이 폭격해, 이 도시에서 반군을 몰아냈다. 기세가 오른 시리아 정부군은 러시아군의 지원 아래 시리아 서북부 이들리브 지역에 모여 있던 반군 세력을 제압했다. 2019년 봄엔 이슬람 국가(IS)의 마지막 근거지였던 시리아 동부 바구즈 지역을 점령해, 시리아 전쟁을 사실상 마무리지었다.

그렇다 하더라도 아사드의 퇴진과 전쟁범죄 처리는 앞으로 국제사회가 풀어야 할 과제이다. 지난 1994년 후투-투치족 사이의 내전이 벌어졌던 아프리카 르완다에선 국제사회가 개입을 외면하는 바람에 100일 동안 80만 명이 희생당했다. 르완다 참상 25년이 흐른 지금, 시리아도 르완다와 마찬가지로 국제사회의 소극적인 개입 탓에 시리아 사람들의 희생은 갈수록 커졌다. 인권과 민주의 가치를 소중히 여기는 세계 시민들은 시리아로부터 들려오는 비극적인 소식을 들을 때마다 아픔 속에 무력감을 느끼곤 했다.

시리아는 몇 년째 이어지는 전쟁으로 말미암아 '아랍의 겨울'을 보내왔다. 시리아에서 더 이상 유혈투쟁의 참극이 벌어지는 것을 막고 '아랍의 봄'을 시리아에서 되살리려면 어찌해야 했을까. 미국과 러시아를 비롯한 강대국들이 이해관계를 저울질하기보다는 유엔안전보장이사회를 중심으로 한 국제사회가 아사드 독재정권을 외교적으로 강하게 압박하면서 평화 중재에 더욱 적극적으로 나섰어야 했다. 하지만 이미 아쉬움만 남는 지난 얘기가 됐다. 잇단 전투에서의 승리 뒤 시리아 독재자 아사드는 이즈음 여러 공식 석상에서 "이제부터 시리아의 안정과 평화를 이룰 것이다"라고 큰소리 치고 있다. 하지만 시리아 국민들의 마음은 아사드로부터 이미 멀어질 대로 멀어졌다. 그렇기에 시리아 전쟁이 독재자의 승리로 끝난다 해도 시리아 땅에 참된 의미의 평화, 민주주의가 자리 잡기는 어려워 보인다.

국제사회에 정의가 살아 있다면 시리아 전쟁을 마무리하면서 전쟁범죄를 덮어주긴 어렵다. 시리아 독재자 아사드가 저지른 전쟁범죄 목록은 길다. 전쟁범죄는 공소시효나 국적에 관계없이 처벌받아야 한다는 '보편적 사법권' 논리가 국제법계에서 힘을 얻는 마당에, 아사드를 전쟁범죄자로 붙잡아 네델란드 헤이그에 있는 국제형사재판소(ICC) 법정에 세워야 마땅하다. 안타깝게도 지금으로선 좀 더 시일이 지나야 될 일처럼 보인다.

평화를 꿈꾸며

: 다큐멘터리 피디가 바라본 전쟁

김 영 미

1. 전쟁은 다양한 이유로 일어난다

전쟁이 나면 사람들이 많이 죽습니다. 누구나 아는 이 사실이 당장 여러분 동네에서 일어난다면 어떨까요? 우리도 6.25 한국전쟁의 경험이 있습니다. 그러나 지금 그 전쟁을 기억하는 사람은 적습니다. 전쟁에 대해 실감하지 못할 만큼 시간이 흘렀습니다. 하지만 지구 저편에서는 지금도 매일 전쟁으로 사람들이 죽어 갑니다. 도대체 전쟁은 왜 일어나고 누가 피해자인지 다른 나라에서 벌어지는 전쟁을 통해 알아봅시다.

1) 팔레스타인과 이스라엘 전쟁―땅 따먹기 싸움

팔레스타인의 분리 장벽이란 무엇인가?

이스라엘은 1948년 팔레스타인 땅에 만들어진 새로운 나라입니다. 2차 대전 후 유럽에서 고통을 당한 유대인들이 '벨푸어 선언'에 의해 팔레스타인으로 이주하며 이스라엘이 생겼습니다.

즉 팔레스타인 사람들이 사는 곳에 이스라엘 사람들이 하나둘 들어와 살기 시작하니 땅 문제가 생긴 겁니다. 그때부터 시작된 지루한 싸움이 70여 년 동안 지속되어서 국제 뉴스의 중심이 되었습니다. 특히 이스라엘과 팔레스타인의 땅 사이에는 분리 장벽이라는 것이 있습니다. 이스라엘이 팔레스타인 사람들이 사는 공간을 막아놓고 분리시킨 것입니다. 분리 장벽은 엄연히 인간의 주거공간을 차별한 행위입니다. 이 때문에 팔레스타인과 이스라엘 사람들 간에 감정의 골이 깊습니다.

이스라엘 사람들은 팔레스타인 사람들을 모두 미워해요?

아니오. 전부 그렇지 않습니다. 이스라엘과 팔레스타인의 무력 충돌이 잦지만 모두 전쟁을 원하는 것은 아닙니다. 이스라엘 사람들 중에는 팔레스타인에 대한 박해가 정당하지 않다고 생각하는 사람들도 많습니다. 이스라엘 정부가 가자 지구를 폭격할 때 이스라엘 제2의 도시 텔아비브에는 폭격 반대 시위가 이스라엘 시민들에 의해 일어나기도 합니다. 폭격이든 전쟁이든 사람들이 죽어갈 수밖에 없으므로 나라 이름과 종족 혹은 종교와 상관없이 폭력을 막아달라는 겁니다. 정부의 일이 반드시 국민들의 생각과 같지는 않습니다. 이스라엘 정부가 팔레스타인 사람들을 죽이는 것이지 이스라엘 일반 시민들 중 이를 반대하는 사람들도 많습니다. 지난 2014년에 이스라엘에서 비극적인 사건이 하나 발생했습니다. 유대인 정착촌에서 10대 유대인 소년 3명이 누군가에게 납치된 후 살해된 것입니다. 이스라엘은 난리가 났습니다. 팔레스타인 무장 조직이 아이들을 살해했다며 흥분했습니다. 그때 희생자 중 한 명인 나프탈리 프랭켈(16)의 어머니 레이첼 프랭클이 이렇게 말합니다. "당신(팔레스타인) 자녀나 우리 자녀 그 누구도 지금 우리가 겪고 있는 상황을 겪어선 안 된다." 이 말은 이제 이스라엘과 팔레스타인의 아이들이 이 비극적인 상황에서 벗어나게 어른들이 노력하자는 말입니다. 아들을 잃고 슬픔에 빠져 있는 어머니가 한 이 말은 팔레스타인 사회를 감동시켰습니다. 많은 팔레스타인 사람들이 장례식에 조문을 왔습니다.

이후 팔레스타인 소년이 이스라엘 극우조직에 의해 불태워지는 보복전이 벌어졌습니다. 이때도 나프탈리의 어머니는 유대인 어머니들과 함께 희생된 팔레스타인 소년의 장례식에 조문을 갔습니다. 많은 팔레스타인 어머니들이 유대인 어머니들과 부둥켜안고 울었습니다. 나프탈리의 어머니는 "우리 모두가 원하는 것은 미사일이나 터널의 위험 없이 평화롭게 살며 아이들을 키우는 것"이며 "우리 스스로 아이들에게 '우리는 평화롭게 살고 싶다'는 걸 가르칠 수도 있다"고 말했습니다. 저는 이 사건을 취재하며 많은 어머니들과 만났고 이들은 팔레스타인과 이스라엘의 갈등을 더는 원하지 않는다는 사실을 알았습니다. 모두들 평화를 원했고 지금도 그렇다고 생각합니다.

가자 지구는 어디이며 왜 이스라엘은 가자 지구를 공격하는가?

가자 지구는 팔레스타인 땅과 이집트 사이의 국경에 있습니다. 그러나 이스라엘 정부가 이곳 국경을 봉쇄해 이집트와 이스라엘 사이에 끼어 있습니다. 그래서 가자 지구 사람들은 거대한 감옥에 갇혀 있는 것이나 마찬가지입니다. 그리고 이 가자 지구를 통치하는 세력이 팔레스타인 무장 정파 하마스입니다. 이스라엘은 하마스를 테러리스트로 규정하며 제거해야 할 대상이라고 여깁니다. 즉 이스라엘 정부는 하마스의 수도가 가자 지구라고 여겨 이들을 제거한다는 명문으로 가자 지구를 공격하고 있는 것입니다. 하지만 결과는 엄청난 민간인 희생자들입니다. 하마스 대원 몇 명을 죽이면서 민간인 수백 명이 같이 죽어 나갑니다. 아이들이 다니는 학교나 병원도 폭격 대상입니다. 가자 지구의 지형 때문에 국경이 봉쇄되면 주민들은 생필품도 사기 힘듭니다. 가자에는 연례행사처럼 자주 폭격이 일어납니다. 그래서 가자 주민들은 하루도 마음 편히 살지 못합니다. 주민들은 가족을 돌보는 일이 걱정입니다. 하지만 이스라엘 정부나 하마스나 서로 양보하지 않고 지금도 내전이나 마찬가지 상태입니다.

2) 아프가니스탄 전쟁―급진 이슬람 세력과 미국의 싸움

탈레반은 누구인가?

탈레반은 이슬람 신학교(마드레사)에서 공부하는 학생들이란 뜻입니다. 1980년 소련이 아프가니스탄을 침공하자 이 학생들이 '반소련' 저항을 시작했습니다. 그때부터 탈레반은 무장 세력으로 외세와 맞서 왔으며 1995년부터는 아프가니스탄 정권을 쥘 정도로 성장한 정치세력이 되었습니다. 하지만 2001년 9.11 테러가 나고 이들과 빈라덴이 배후라는 이유로 미국이 아프가니스탄 수도 카불을 공격했습니다. 이 전쟁이 바로 아프가니스탄 전쟁입니다. 이들이 유명한 것은 이슬람 급진주의자들 중에서도 가장 원칙주의자들이기 때문입니다. 미국이 카불을 공격하고 뿔뿔이 흩어졌지만 이내 전세를 가다듬고 게릴라 방식으로 미군을 공격했습니다. 이 때문에 미군은 많은 사상자를 내게 됩니다.

아프가니스탄의 여성들은 왜 온몸을 가리는 복장을 하는가?

탈레반은 급진 이슬람주의자입니다. 이슬람과 정치를 하나로 보는 신정 정치주의자들이기도 합니다. 엄격한 이슬람법인 '샤리아' 법을 통해 국가를 통치하려고 합니다. 여성의 복장을 이 샤리아에 의해 규정했는데, 코란에 나오는 '네 누이와 아내의 얼굴을 남에게 보이지 말고 베일로 가려라'라는 구절에 따라 여성들은 온몸을 가리는 '부르카'를 입도록 합니다. 이 옷은 머리에서 발끝까지 내려오는 복장으로 눈 주위에 살짝 망사가 있어 이 부분으로 내다보며 걸을 수 있게 만들어져 있습니다. 탈레반은 부르카를 입지 않은 여성들을 처벌하며 이 옷을 입기를 강요했습니다.

하지만 부르카는 아프가니스탄 고유의 복장이기도 합니다. 우리나라 조선 시대 쓰개치마와 비슷합니다. 탈레반이 부르카를 강요한 것도 맞지만 아프가니스탄의 보수적인 가부장적인 문화도 여성들에게 부르카를 강요합니다. 아버지나 오빠가 보수적이기 때문에 전쟁이 끝나고 탈레반 정부가 퇴각한 지 20여 년이 되어도 아프가니스탄에서는 여전히 많은 여성들이 부르카를 쓰고 다닙니다.

아프가니스탄 사람들은 왜 미군을 미워합니까?

처음 미군이 아프가니스탄에 들어왔을 때는 아프가니스탄 사람들은 환영까지는 아니어도 죽이려 달려들진 않았습니다. 그러나 전쟁이 길어지며 미군의 군사작전으로 인해 민간인 피해자가 많아지자 사람들은 미국에 대한 원한이 생기기 시작했습니다. 특히 미군이 무인 공격기로 공중에서 폭격을 하면 많은 민간인 인명이 살상되기도 합니다. 무인 공격기는 사람이 직접 조종하는 비행기가 아니라 로봇 비행기입니다. 지상에서 리모트콘트롤 하는 것으로 지상에 사람이 얼마나 있는지 누가 있는지 구별하기 힘듭니다. 로봇은 인간이 시키는 대로 하기 때문입니다. 그래서 일단 폭격을 하게 되면 민간인들이 많이 죽습니다. 그럴수록 가족을 잃은 민간인들이 미군에 대한 원망이 높아 가는 겁니다.

3) 이라크 전쟁―자원을 차지하기 위한 전쟁

이라크에서 미국은 사담 후세인을 왜 제거했나요?

2003년 미국은 사담 후세인 정부가 대량 살상무기를 생산하고 있다며 독재체제인 이라크에 민주주의를 심어주겠다고 전쟁을 시작했습니다. 사담 후세인 전 이라크 대통령은 그 혐의로 체포되어 교수형에 처해졌습니다. 그러나 나중에 밝혀진 것은 사담 후세인이 세계를 위협할 만한 대량 살상무기를 가지고 있지 않다는 것입니다. 사담이 독재로 수많은 이라크 사람들을 죽인 독재 대통령은 맞지만 이라크 전쟁이 일어난 후 그 수의 몇배가 사망했습니다. 이라크는 그 후 더 큰 내전에 휩쓸려서 지금도 여전히 전쟁 상태의 나라입니다.

지금 이라크 내전은 왜 일어났나요?

이라크는 종족과 종파가 다양한 나라입니다. 그래서 항상 내전의 위협에 있었습니다. 서로 정권을 차지하려고 하기 때문입니다. 사담 후세인 시절에는 이슬람 순니파가 득세했습니다. 그러나 지금은 시아파 정권이 들어서 있습니다. 시아파 정권은 순니파 정권 시절 박해 받았던 것을 그대로 순니파 인사들에게 복수하고 있습니다. 수많은 순니파 사람들을 체포, 고문하고 죽이고 있습니다. 복수가 복수를 부른 겁니다. 그러다 보니 또 수많은 사람들이 죽어간 내전이 벌어진 것입니다.

IS(이슬람 국가)라는 이슬람 무장 단체는 어떤 단체인가요?

이라크 순니파 지역에서 알 바그다디라는 급진적 이슬람 지도자가 만든 이슬람 무장 단체입니다. 아랍어로 '다에쉬'라고도 불리는 이 단체의 정식 명칭은 이슬람 국가(Islamic State)입니다. 원래는 알카에다와 뜻을 같이했지만 점점 세력을 확장하며 시리아 내전 혼란을 틈타 시리아까지 진출했습니다. 세계 100여개 국의 청소년들을 IS에 결합시키며 세를 넓혀 갔고 잔인하고 악랄한 수법으로 사람들을 처형하는 공포 정책을 펼치며 승승장구했습니다. 그 잔인함 때문에 알카에다도 두 손 들고 결별했습니다. 한때 이라크와 시리아의 국토 3분의 1을 차지하고 맹렬하게 성장했습니다. 이 때문에 미국 정부는 이라크에서 완전히 철수한 2011년 이후 처음으로 이라크에서 이들을 몰아내기 위한 공습을 했습니다. 시리아 내전을 길게 끈 원인 중 하나는 IS의 성장이었습니다. 그 후 연합군의 공격을 받아 이제는 시리아 안에서 거의 궤멸되었습니다.

2. 전쟁으로 10대가 위험해진다

1) 나이지리아 여중생 납치 사건

나이지리아에서 누가 이들을 납치했나요?

2014년 4월, 나이지리아의 이슬람 무장 단체 보코하람이 북부 지방 치복이라는 도시에서 기숙사에서 자고 있는 10대 여중생 300여 명을 강제로 납치했습니다. 이들이 학생들을 대상으로 범죄를 저지르는 이유는 서양식 공부를 하는 것이 죄악이라는 이유에서입니다. 보코하람은 자칭 알카에다 연계 조직이라고 말하지만 알카에다는 이들의 비도덕적인 납치를 비난하고 나서며 자신들과 무관하다고 선을 그었습니다. 처음에는 단순히 이슬람 경전을 공부하는 청년들이 만든 단체이지만 시간이 흘러 이들은 점점 포악해져 갔고 범죄자들이 합류하기 시작했습니다. 현재도 납치와 공격을 하며 나이지리아를 혼란에 빠지게 하고 있습니다. 납치되었던 10대 소녀들 중 일부가 집에 돌아왔지만 여전히 돌아오지 못한 소녀들이 많습니다. 이런 사건을 벌이는 이슬람 무장 단체의 목적은 소녀들에게 공부를 하지 못하게 하는 것입니다. 잘못된 종교관으로 벌어진 일입니다. 하지만 지금도 나이지리아의 많은 10대 소녀들이 위험한 학업을 이어 가고 있습니다.

아프리카의 '소년병'은 왜 생겨났나요?

아프리카에서 소년병은 근절되지 못하는 잘못된 관행입니다. 시에라리온, 콩고, 라이베리아, 우간다 등 아프리카에서 내전을 겪는 대부분의 나라에서 소년병이 발견됩니다. 유치원에나 다닐 법한 어린 아이부터 10대 미성년자들이 무장 단체에 납치되어 전쟁의 맨 앞자리로 끌려갑니다. 자기 키보다 더 큰 총을 메고 마약을 투여받으며 정글 속에서 전투를 합니다. 어른 군인들에게 심한 구타를 당하고 배곯으며 집에 돌아갈 날을 손꼽아 기다리지만 이들을 기다리는 것은 결국 죽음뿐입니다. 운 좋게 살아서 집에 가더라도 불구 상태이거나 마약에 찌들어 정상적인 생활을 하기 힘듭니다. 시에라리온은 오랜 내전으로 소년병의 대명사가 된 나라입니다. 무장 단체는 아이들을 정글로 데려가서 전투에 투입하고 말을 안 들으면 손과 발을 잘랐습니다.

2000년 시에라리온에 취재 가서 만난 10대 아이들이 손과 발이 잘린 채 벌레처럼 굴러다니는 모습을 보았습니다. 인간이 어디까지 잔인해질 수 있는지 그 끝을 본 것 같은 전율에 휩싸이게 하는 현장이었습니다. 어느 나라를 막론하고 아이들은 어른들에 의해 보호받아야 하는 존재입니다. 하지만 오히려 이들을 전쟁의 총알받이로 사용하는 어른들은 우리 시대의 부끄러운 모습입니다.

시리아 내전에서 10대들은 어떤 상황인가요?

시리아는 지난 2011년부터 현재까지 내전 상태에 있습니다. 이 내전의 발단은 10대 소년들이 담벼락에 시리아 대통령 알아사드를 조롱하는 말을 낙서로 한 것이 발단이 되었습니다. 화가 난 시리아 정부 관계자가 이 소년들을 체포했습니다. 그들의 부모들과 시민들이 이에 항의하는 시위를 벌인 것을 계기로 시리아에 대규모 반 정부가 시위가 생겨났습니다. 나중에 강에서 떠오른 10대 소년의 시신은 고문을 받은 흔적이 역력했습니다. 독재국가에서 독재자는 주로 공포 정치를 합니다. 시리아는 독재 정치에 숨도 못쉬던 나라였습니다. 하지만 아이들이 체포되고 고문당하는 현실에 어른들이 참지 못하고 독재자 알 아사드에게 저항하게 된 것입니다. 정부군과 반군의 대치구도로 시작된 시리아 내전은 시간이 지날수록 더욱 복잡한 양상으로 전개되어 현재도 진행중입니다. 반군 중에는 10대 소년들이 다수 병사로 활동하고 있으며, 이들의 희생도 큽니다. 이들은 정식 군사 훈련을 받지 않았기 때문에 자신을 방어할 줄 모르므로 전투에 나가 사망할 확률이 높습니다. 세상의 관심이 시들한 가운데 시리아 내전은 점점 치열해지고 있고 이들의 희생도 나날이 늘어가고 있습니다.

3. 20대가 위험한 세상

1) 아랍의 봄 주역, 20대 청년

인터넷이 점점 발달하며 중동과 아프리카에도 인터넷 보급률도 높아지고 핸드폰도 많이 팔립니다. 청년들은 인터넷을 통해 다른 민주주의 국가를 알게 되었습니다. 당시 30여 년째 독재를 해 오던 호스니 무바라크 대통령이 통치하던 시절에 이집트 젊은이들은 인터넷을 통해 선거로써 자신의 지도자를 선택할 수 있다는 사실도 알았습니다. 그래서 이들은 SNS를 통해 이런 사실을 주고 받으며 자신들의 또래 가운데 많은 이들이 같은 생각을 가지고 있다는 사실을 알아갔습니다. 그래서 오프라인으로 모이기로 했고 이집트 수도 카이로의 중심부에 있는 타후리르

광장에 모였습니다. 이들은 수많은 인파에 놀라고 감탄하며 민주주의를 얻기 위한 독재타도의 구호를 외쳤고, 마침내 무바라크 대통령이 사임하는 데 결정적인 역할을 하게 됩니다. 하지만 극심한 혼란 속에 많은 청년들이 시위 과정에 정부군의 총에 희생되었습니다.

2011년 3월 18일, 저는 예멘의 사나 대학교 교내에 있는 반정부 시위대와 무장한 정부 지지자들이 충돌하는 현장을 취재했습니다. 독재자 살레 대통령 물러나라고 하는 시위가 한참이었습니다. 겉으로 보면 정부를 지지하는 자와 지지하지 않는 자와의 충돌처럼 보였습니다. 하지만 이날 사나 대학교 건물 옥상과 건물 안에는 치안 부대의 저격수들이 배치되어 있었습니다. 정부 지지자들을 앞세우고 군인들이 뒤에 숨어 있었던 것입니다. 드디어 시위가 시작되고 두 세력이 충돌하는 순간 이 저격수들은 반정부 시위대에 실탄을 발포했습니다. 이날 52명의 꽃다운 사나 대학생들이 목숨을 잃었습니다. 100명 이상이 부상했으며, 희생자가 반정부 시위 발생 이래 가장 많았던 날입니다. 예멘 정부는 저격수가 시위대를 쏘았다는 사실을 숨기려 했지만 수많은 목격자가 있었습니다. 총탄이 사망자의 목을 위에서 아래로 관통한 시신도 증거입니다. 시신을 찾으러 온 부모님들의 오열이 아직도 잊히지 않습니다.

2) 미군들은 젊은 20대 청년이 많습니다

이라크와 아프가니스탄 전쟁에 참여한 미군들이 많습니다. 한 번도 아니고 여러 번 파병을 온 군인들도 많이 만납니다. 이들은 전쟁에서 심각한 외상후 스트레스 장애(PTSD)를 얻습니다. 그래서 전쟁이 끝난 후 집으로 돌아가더라도 정상적인 생활을 하지 못하는 경우가 많습니다. 놀라운 것은 이들 중 상당수가 20대 젊은이들이라는 겁니다. 이 청년들이 군대에 입대한 이유를 물으면 대학갈 학비를 국가에서 제공하기 때문이라는 대답도 듣습니다. 또한 컴퓨터 게임과 전쟁영화를 경험하며 자란 이들 세대는 군대나 군인들의 유니폼이 멋있다는 막연한 생각으로 지원 입대하는 경우도 많습니다. 이들은 사회 경험도 없고 뇌가 다 자라지 않아 아직 미숙합니다. 이들은 전투에 투입되며 사람을 죽이고 동료가 죽어 나가는 것을 목격하며 달라지게 됩니다. 영화보다 더 영화 같은 잔혹한 경험을 하며 미군 병사들은 누구보다도 더 외상후 스트레스 증후군을 얻을 확률이 높았습니다. 그 결과 미국 본토에서 총기 사고를 일으키거나 자살을 하는 등 부작용도 심각합니다. 전쟁은 이라크나 아프가니스탄뿐만이 아니라 미군도 희생시키며 승자가 없게 만들었습니다.

4. 전쟁으로 약자들이 위험해진다

1) 여성

남자들이 전쟁터에 동원되면 여성들이 가족의 생계를 책임져야 합니다. 남편이나 아버지가 사망하면 생계가 더욱 막막해집니다. 또 대부분의 전쟁이 제3세계 저개발 국가에서 나다 보니 여성의 교육 수준이 낮은 경우가 많습니다. 이들이 생계를 이어갈 수단이 없습니다. 아프가니스탄 전쟁이 나고 수많은 사람들이 사망했습니다. 그후 우후죽순으로 난민촌이 생겨났습니다. 특히 아프가니스탄과 파키스탄 국경에 생긴 난민촌에는 전쟁으로 남편을 잃은 여성들이 넘쳐났습니다. 이슬람교를 믿는 이들 문화에서 여성이 사회 생활하는 것은 아주 희귀한 경우입니다. 대부분 아이들을 데리고 친척 집에 더부살이합니다. 난민 신세도 힘들지만 더부살이하는 여성들의 처지는 더 딱합니다.

2007년 파키스탄에 있는 아프가니스탄 난민촌에서 만났던, 겨우 30살인 비비의 경우도 그렇습니다. 그녀의 남편은 탈레반 병사로 갔다가 사망했습니다. 시삼촌에게 얹혀 사는 비비는 3명의 아이들과 눈칫밥을 먹으며 살고 있었습니다. 구호 단체에서 주는 물품조차 비비에게 돌아가지 않는 경우도 많습니다. 의지하는 시삼촌이 그들 몫까지 차지합니다. 현금은 한 푼도 없고 눈칫밥을 먹다 보니 아이들도 잘 보살피지 못하기 때문에 아이들 정서도 불안합니다. 비비를 인터뷰할 때 저에게 "남편이 전쟁에서 사망하고 저도 죽은 목숨이라고 생각합니다. 차라리 내가 죽었다면 좋았을 것을…." 하며 눈물을 흘리던 장면은 지금도 눈에 선합니다. 전쟁은 남성 주도하에 벌어졌지만 그 피해는 여성들에게 더 많은 상처를 남깁니다. 비비는 이후 시삼촌을 따라 다시 아프가니스탄으로 돌아갔지만, 그녀는 평생 더부살이를 해야 하는 신세일 겁니다.

2) 아동

아동은 주로 물건을 팔거나 쓰레기를 줍고 구걸을 합니다. 어머니가 생계 능력이 없을 경우 아이들이 길거리로 나와 돈을 벌

수밖에 없습니다. 이렇게 번 돈으로 가족들의 하루 식량을 마련하곤 합니다. 그래서 하루라도 안 벌면 가족들이 굶게 되고, 학교는 갈 수가 없습니다. 부모에 이어 아이들까지 교육 기회가 박탈되며 빈곤의 악순환이 됩니다. 이라크 전쟁 이후 부모를 잃거나 가정을 잃은 아이들이 거리로 내몰렸습니다. 수도 바그다드 거리마다 길거리 장사를 하는 아이들이 많았습니다. 2003년 전쟁 직후 제가 만난 모하메드는 이제 겨우 8살이었는데 군인을 모집하는 바그다드 모병소 앞에서 11살된 형과 콜라를 팔았습니다. 아이는 능숙하게 '콜라 사세요'라는 말을 하고, 지나가는 저의 옷자락을 잡고 호객행위를 합니다. 전쟁은 모하메드에게 학교를 다닐 권리를 빼앗아 갔습니다. 5년 후인 2008년 그 아이를 우연히 다시 만났습니다. 15살이 되었지만 아이는 글자를 알지 못했습니다. 제가 "학교는?"이라고 물어보자 모하메드는 "돈 벌어야죠"라고 무심하게 말했습니다. 아마 자기 처지에 무슨 학교냐는 말투였을 겁니다. 얼마 전 저는 SNS로 25살이 된 모하메드를 만났습니다. 놀랍게도 글을 쓸 수 있습니다. 제가 학교 갔냐고 물었더니 "불편해서 형에게 글자만 배웠다"고 말합니다. 벌써 결혼도 해서 아이가 둘인 아버지라고 했습니다. 공부에 한이 맺힌 듯 "아이들은 꼭 학교에 보낼 거예요"라고 하였습니다. 이 말은 모하메드가 그동안 겪어온 세월을 짐작하게 합니다. 전쟁은 아이들의 당연한 권리인 학교를 빼앗아 갔고 한스러운 상처를 남깁니다.

3) 장애인

전쟁으로 신체에 장애를 입으면 장애인이 되어 생계 능력을 거의 상실하게 됩니다. 구걸로 연명하거나 어린 아이들과 아내를 생계전선으로 내몰 수밖에 없습니다. 그가 속한 정부는 전쟁으로 기능을 상실한 경우가 많아 이들에 대한 복지나 지원은 거의 전무합니다. 남수단 내전은 아직도 끝나지 않았습니다. 지난 2011년 7월 수단으로부터 지리한 내전 끝에 독립했지만 남수단은 다시 종족 간의 전쟁으로 내몰리게 됩니다. 또 수많은 사람들이 살육당했습니다. 이러니 집집마다 경제 사정이 말이 아닙니다. 극심한 기아 상태로 470만명 가까이가 외국의 원조를 기다립니다. 하루 1달러도 안되는 돈으로 먹고 살지만 이마저도 없는 집들은 굶기를 밥먹듯이 합니다. 장애인들에게는 더 비극적입니다. 오랜 전쟁은 장애인을 많이 발생하게 만들어 두세 집에 한 명은 장애인이 꼭 있다고 할 정도입니다.

2015년 수도 주바에서 두 시간 가량 떨어진 마을을 방문했을 때의 일입니다. 마을 부족 지도자가 굶어 죽은 장애인의 집을 저에게 안내했습니다. 처음에는 장애인 한 명만 사망한 줄 알았는데 취재하다가 기가 막힌 사실을 알았습니다. 일가족 6명이 한꺼번에 발견된 것입니다. 총에 맞아 무릎뼈가 부서져 앉아만 있던 아버지가 일을 하지 못하자 다른 가족들도 모두 굶어 죽은 것입니다. 부족 지도자는 "이런 사건은 남수단에서 아주 흔합니다."라고 말했습니다. 그 집을 둘러보니 아버지가 누워 있던 이부자리가 그대로 있었고, 집안에 식량은 단 한 톨도 없었습니다. 마을 사람들이 그들을 발견했을 때 가족들은 같이 누워 있었다고 합니다. 이런 비극은 아직도 남수단에서 벌어지고 있습니다.

5. 전쟁을 멈추려면 어떻게 해야 할까?

전쟁을 일으키는 존재는 사람입니다. 아프가니스탄 전쟁과 이라크 전쟁, 아랍의 봄과 아프리카의 각종 내전을 취재하며 저는 사람에 대한 고민을 많이 했습니다. 고민 끝에, 전쟁은 일어난 지역마다 제각각 이유가 있지만 공통점도 있다는 것을 알게 되었습니다.

1) 소통(communication)

형제간의 싸움이나 이웃간의 싸움도 소통의 부재로 발생하는 경우가 많습니다. 대부분의 전쟁도 최선의 소통이 되지 않은 가운데 발생합니다. 아프가니스탄 전쟁 당시 미국은 탈레반 정부와 협상을 거쳐 테러 책임자 처벌을 하려는 노력을 기울이지 않았습니다. 이라크 전쟁도 사담 후세인과 미국이 전쟁을 막기 위한 소통을 하지 못한 결과로 벌어졌습니다. 전쟁이 일어나기 전에 국제사회는 협상 테이블을 마련하기 위한 최대한의 노력을 해야 합니다.

2) 공감(Sympathy)

지구 저편에 일어나는 일이라 우리랑 상관없다는 생각을 하는 분들이 많습니다. 하지만 우리나라도 불과 몇십 년 전에 세계를 떠들썩하게 한 한국 전쟁이 있었습니다. 그 상처를 극복하는데 많은 시간이 흘러야 했고 지금도 분단의 고통은 계속되고 있습니다. 현재 중동이나 아프리카의 전쟁도 많은 시간이 흘러야 치유가 됩니다. 우리가 겪은 상처를 그들도 똑같이 겪게 됩니다. 상처에 대한 공감은 전쟁을 막기 위한 긍정적 힘으로 작용합니다. 이것을 외면하지 말아야 국제사회가 전쟁 방지에 최선을 다하는 환경을 만들 수 있습니다.

3) 인류애와 평화교육(Humanism and Peace education)

인간이 가지고 있는 특권이 인류애입니다. 아무리 과학이 발달하더라도 인간을 '제조'하지는 못합니다. 생명의 고귀함을 느끼고 또 생명을 지키려는 노력을 할 수 있는 위대한 존재가 인간입니다. 인간의 생명이 그 어느 것보다 소중하다는 것은 어릴 때부터 교육을 통해 학습되어야 합니다. 어른들이 먹고 살기 급급해서 배우지 못했다 하더라도 아이들은 이를 답습하지 않고 평화로운 세상을 만들기 위한 교육이 필요합니다.

6. 평화―그 공존의 길

전쟁은 일어나지 않게 하는 것만이 최선입니다. 일단 전쟁이 일어나면 가장 많이 희생되는 사람들이 애꿎은 민간인들입니다. 상처를 치유하는 데 많은 시간과 노력이 필요합니다. 이제 국제 사회가 같이 한목소리를 내면서 전쟁 억제를 위해 노력해야 합니다. 인터넷과 통신의 발달로 인해 세계가 점점 가까워지는 지금, 국제사회의 이런 노력들은 더욱 필요하게 되었습니다. 그러면 국제사회의 한 구성원으로서 우리는 무엇을 할 수 있을까요?

1) 공정무역

전쟁이 끝난 후에도 사람들은 그 전쟁의 상처를 쉽게 치유하지 못합니다. 그리고 가난한 사람들끼리 먹고 살 것이 없는 와중이라 또 다른 전쟁이 날 가능성이 많습니다. 아프가니스탄에서 탈레반에 합류하는 대부분의 병사들은 탈레반이 주는 월급 때문입니다. 실업률이 높아지며 일자리가 부족하고 가족을 먹여 살릴 수 없다는 절망감에 제 발로 탈레반 병사가 되는 겁니다. 만약 그들에게 먹고 살 수 있는 다른 직업이 있다면 총 들고 전투하는 탈레반 병사는 되지 않았겠죠. 그래서 분쟁 지역과 가난한 제3세계에서 생산되는 물건을 선진국에서 사 주는 착한 소비가 세계적으로 번지고 있습니다. 커피, 목화, 초콜릿 등 다양한 상품들이 분쟁국가나 가난한 나라에서 생산되면 가격을 후하게 처 주며 직거래를 하는 것이 공정무역입니다. 남미에 마약의 원료가 되는 코카나무를 제거해서 코카인을 없애고 그 자리에 초콜릿의 원료가 되는 카카오나무를 심으면 코카인을 서로 차지하려고 싸우는 마약 마피아들이 사라지게 됩니다. 공정무역이 활성화되면 그들이 일자리를 얻게 됩니다. 그렇게 되면 총 들고 싸우는 일이 잦아지게 되겠죠. 공정무역 상품을 많이 사 주면 그들의 생활이 나아지게 됩니다.

2) 분쟁 지역에 관심 갖기

국제 뉴스를 보면 자살폭탄테러와 각종 암살 사건이 분쟁 지역에서 나오는 뉴스의 대부분입니다. 우리와는 아무런 관계가 없다고 생각되지만 실상은 그렇지 않습니다. 이라크에서 공사하던 우리 기업은 위험해진 이라크 내전으로 공사현장을 두고 탈출해야 했습니다. 또 이란과 미국의 핵 협상이 시끄러워지면 당장 우리 집 앞 주유소의 기름값이 올라갑니다. 이번에 우크라이나 상공에서 격추된 말레이시아 항공기에 타고 있다 사망한 승객들은 우크라이나 내전과는 전혀 상관없었지만 내전의 희생양이 되었습니다. 만약 말레이시아 항공이 우크라이나 내전에 대해 알고 대처했다면 다른 비행경로로 비행을 했을 것입니다. 이처럼 지구 저끝에서 벌어진다고 귀를 막고 있으면 우리도 그 분쟁의 희생자가 될 수 있습니다. 그래서 우리는 국제사회가 어떻게 돌아가는지 뉴스를 통해서라도 알려는 관심이 필요합니다.

3) 국제기구와 시민단체 후원하기

세계 대전을 겪은 근대 사회 이후 많은 국제기구와 시민단체들이 탄생했습니다. 적십자나 유엔, 유니세프나 국경없는 의사회 등등 전쟁에 신음하고 있는 사람들을 돕기 위한 미션을 수행합니다. 이들이 전쟁 지역 사람들을 돕기 위해서는 재정이 필요합니다. 아주 작은 금액이라도 받는 이들에게는 큰 힘이 됩니다. 또한 후원금이 제대로 집행되는지 감시하는 것도 필요합니다. 후원자의 인류애와 이를 대신 전해주는 시민단체들이 비리 없이 활동을 해야 전쟁 지역에 있는 사람들에게 실질적인 도움을 줄

수 있습니다.

7. 맺으며

인간이 지구에 살기 시작한 이후 수많은 전쟁을 일으켜 왔습니다. 중세시대의 십자군 전쟁부터 미국의 남북전쟁, 1, 2차 세계대전 등 근대에 들어서도 큰 전쟁을 치렀습니다. 현대에 와서도 이라크 전쟁과 아프가니스탄 전쟁 등 아직도 세계에는 전쟁이 끊이지 않습니다. 사람들은 전쟁을 멈추고 싶어합니다. 문명이 발달하며 사람들은 계속 함께 평화롭게 사는 방법에 대해 고민하고 있습니다. 더군다나 이제는 인터넷과 통신의 발달로 지구 저편의 상황도 우리에게 밀접한 영향을 미치는 경우가 많습니다. 지구에 사는 동시대의 인류로서 더 이상 생명이 부당한 폭력과 전쟁에 희생되는 것을 막기 위해 우리 모두 노력해야 합니다. 그것이 인류애이며 사람에 대한 예의입니다.

앞으로 우리 아이들이 살아갈 세상은 지금까지 우리가 살던 세상과 다른 차원 높은 세상입니다. 인간은 언제나 발전을 원했고 다음 세대들도 지금 세대들보다 더 고차원 사회에서 소통할 것입니다. 그래서 우리는 미리 공존과 평화에 대해 고민해야 합니다. 그러기 위해서는 지금 어른들의 생각과 행동이 중요합니다. 저는 이 글을 통해 '사람'에 대해 고민할 수 있는 화두를 던지고 싶습니다. 세상을 책임질 미래의 아이들이 평화와 사랑으로 세상 사람들과 소통할 날을 기다립니다.

포스트소비에트 지역 분쟁*

: 우크라이나 사태와 러시아의 크림반도 합병을 중심으로

이 문 영

* 이 글은 이문영, 「형제국가들의 역사전쟁: 우크라이나 사태와 러시아의 크림반도 합병의 기원」,
『역사비평』, 112호(2015)에 기반해 이를 수정, 보완한 것임을 밝힙니다.

1. 2014 우크라이나 사태: 탈냉전에서 신냉전으로?!

냉전 체제의 한 축이었던 소련의 해체는 놀라우리만큼 평화롭게 이루어졌지만, 이후 15개 신생 독립 공화국으로 이뤄진 포스트소비에트 공간이 맞닥뜨린 현실은 결코 그렇지 못했다. '다인종-다민족-다국가' 소비에트 연방의 70년 역사 속에 인종, 민족, 국경을 둘러싼 폭력의 씨앗이 도처에 뿌려졌기 때문이다. 이는 제정러시아와 소연방이라는 제국과 근대적 식민의 역사에 직접적인 기원을 둔다. 탈근대 포스트소비에트 공간 곳곳에는 여전히 강력한 폭발력을 가진 근대의 흔적이 잠복하고 있다.

특히 스탈린이 주도한 인위적인 민족국가 창조 과정에서 민족적 경계와 지리적 경계가 일치하지 않는 국경이 소련 영토 여기저기에 그어졌다. 이는 '민족-종교-분리주의'라는 지구화 시대 세계 분쟁의 3요소가 밀접히 결합된 크고 작은 분쟁이 소련 해체 후 포스트소비에트 지역에서 빈발하는 근본적 원인을 제공했다. 러시아 내 무슬림 공화국인 체첸이나 다게스탄의 독립전쟁,

2008년 러시아-조지아 전쟁이 대변하는 조지아와 남오세티아, 압하지아공화국 간 분리주의 분쟁, 아제르바이잔 내 아르메니아인 밀집지역인 나고르노-카라바흐공화국이나, 몰도바 내 트란스니스트리아공화국의 독립선언 등이 이를 대표한다. 또 타직 내전으로 대표되는 중앙아시아 과격 이슬람의 발흥이나, 해당국가 간 다양한 국경분쟁과 테러 등도 같은 연원을 갖는다.

이처럼 포스트소비에트 공간은 탈냉전 시기 세계 분쟁의 특성 —민족(종족), 종교를 축으로 한 국지전과 테러—이 압축된 대표 분쟁 지역이라는 불명예를 안게 되었다. 특히 이 중 2014년 발생한 우크라이나와 러시아 간 갈등은 포스트소비에트 지역 분쟁의 특성은 물론, 국제질서의 대변동을 예고한 사건으로 세계적인 주목을 받았다. 체르노빌 참사를 제외하고 세계의 관심을 받아본 적이 거의 없는 유럽의 변방 우크라이나에 이렇게 이목이 집중된 것은 이 사건 속에서 소련 해체 후 구축되어 온 탈냉전 질서의 어떤 균열의 조짐을 읽어낼 수 있었기 때문이었다. 우크라이나 내부의 친러시아 대 친서방 세력 간 갈등이 러시아 대 미국/유럽 간 갈등으로 증폭된 이 사태로 인해 기존의 탈냉전 질서가 신냉전 구도로 대체될 수 있다는 인식이 이러한 시각을 대표한다.

우크라이나 사태는 우리에게도 강 건너 불이 아니다. 사실 우크라이나가 글로벌 헤게모니의 각축장이 된 것은 7개국과 국경을 맞대고, 러시아와 중동 유럽을 가르며, 대륙과 해양을 잇는 전략적 요충지로 커다란 지정학적 가치가 있기 때문이다. 이런 점에서 중국과 러시아 극동, 일본 사이에 위치해 그 제국주의적 충돌이나 냉전적 대결을 고스란히 감당해야 했던 한반도와 비슷하다. 크림반도는 이런 맥락에서 특히 상징적이다. 러시아의 제국주의적 팽창, 그 남진과 동진의 기착지로서 크림반도와 한반도가 공유한 역사적 운명은 멀리 떨어진 듯 보였던 "두 반도 이야기"를 구성하는 내러티브가 된다. 러시아의 크림 합병 직후, 한·일 간의 첨예한 갈등에도 불구하고 미국 주도 아래 한·미·일 정상회담이 전격적으로 성사된 사실이 보여주듯이, 우크라이나 사태로 인한 러·미 간 관계 악화는 미·중 간 경쟁 구도와 겹쳐져, 한·미·일 해양세력과 북·중·러 대륙세력이 대치하는 신냉전 구도가 동아시아에 재현될 가능성마저 점치게 한다. 특히 미·중 경쟁관계와 중·일, 한·일 대립구도를 배경으로 북한문제와 상시적으로 대면해 다차원의 함수를 풀어가야 하는 한국 입장에서 주변 강국과 북한 관계에 연쇄적인 영향을 미친 우크라이나 사태에 대한 올바른 이해가 중요하다.

하지만 이런 의미에도 불구하고, 그간 우리 언론을 통해 대중들에게 전달된 우크라이나 사태의 윤곽은 '친러 부패정권' 대 '민주화를 갈망하는 시민', '타국의 주권을 침해하고 무력으로 영토를 빼앗은 러시아' 대 '이런 러시아를 응징하려는 서방'으로 대략 요약될 수 있을 듯하다. 각각의 정리가 일말의 진실을 담고 있는 것도 사실이지만, 이런 단순한 구도로는 러시아와 우크라이나 사이에 수세기에 걸쳐 이루어진 복잡다단한 상호작용의 결과 발생한 이번 사태의 본질을 제대로 포착할 수 없는 것 역시 사실이다. 실제로 러시아-우크라이나 갈등의 표면 아래 잠복한 것은 특수하게는, 소련의 인위적인 민족(국민)국가 창조와 '토착화(korenizatsija)' 과정과, 좀 더 보편적으로는 '상상의 공동체'나 '민족의 발명' 같은 테제에 논쟁적으로 함축된 근대(성)의 문제와 긴밀하게 관련된다. 이 글은 이러한 문제의식에서 출발해 우크라이나 사태와 러시아의 크림반도 합병 속에 다양한 형태로 교차된 문제의 기원을 양국 간 역사적, 문화적 상호작용 속에 관계적으로 접근하고, 해결 방향을 제시해 보고자 한다.

2. 분쟁 개요[*]

1) 키예프의 '유로마이단'과 우크라이나 동서 대립

2004년 '오렌지 혁명' 이후 흔히 '유로마이단(Euromaidan)'이라 불리는 우크라이나 반정부 시위가 대규모로 재개된 것은 2013년 11월 21일 야누코비치(V. Janukovich) 당시 대통령이 EU가입의 예비단계라 할 수 있는 EU-우크라이나 협력협정 체결의 잠정 중단을 발표한 것이 계기가 되었다. 바로 그날 저녁부터 키예프 독립광장에서 "유럽적 우크라이나를 위하여!(For European Ukraine!)", "야누코비치 정권 퇴진" 등의 슬로건 아래 시위가 시작되었다. 2013년 12월 17일 야누코비치는 푸틴과 만나 대규모 경제지원을 약속받았지만, 유럽화를 향한 시민의 발걸음을 멈출 수 없었다. 2013년 12월 22일 다양한 정치색의 야당과 시민단체를 포괄하는 〈통일마이단〉이 조직되어 반정부 시위를 이끌게 된다.

2014년 1월 반정부 시위가 격화되고, 경찰과 시위대의 무장 충

---

[*] 본문 중 우크라이나 분쟁 개요는 *Аргументы и факты*와 *ТАСС* 기사 참조.

돌로 2월 18~20일 단 3일간 64명의 희생자가 발생한다. 2월 19일 야누코비치는 강경한 시위 진압을 하는 한편, 시위대와 본격적인 협상을 추진한다. 하지만 2월 22일 대통령 해임안과 조기대선 실시가 결정되어 야누코비치가 친러 동부지역으로 도주하고, 다음 날 반러-친서구 임시정부가 구성된다. 2014년 2월 23일 우크라이나 임시정부는 출범과 동시에, 주민 10% 이상이 러시아어를 모국어로 사용하는 지역에서 그 공용어 지위를 허락했던 기존 언어법을 폐기함으로써 수도 키예프의 움직임을 불만스럽게 주시하던 친러 성향의 동부 지역에 엄청난 반발을 일으켰다.

이 지점에서 우크라이나 지역 구성의 특수성을 짚어볼 필요가 있다. 우크라이나는 국토 중앙을 세로로 가로지르는 드네프르강을 중심으로 동서로 나뉘는데, 흔히 '돈바스'라 불리며 이후 내전의 격전지가 된 도네츠크와 루한스크 주를 비롯해, 하르키프, 드니프로페트롭스크, 자포리지아, 헤르손, 오데사 주, 그리고 크림자치공화국과 세바스토폴 특별시가 동부에 속한다. 이 우크라이나 동부의 대부분 지역은 17세기에서 18세기 사이 제정러시아가 점령해 이후 수세기 동안 러시아 영토였고, 그 명칭도 '노보로시야(Novorossija, '새로운 러시아'라는 뜻)'였다. 1920년 볼셰비키에 의한 우크라이나사회주의공화국의 수립으로 우크라이나에 속하게 되지만, 1922년 우크라이나공화국이 소연방의 구성공화국이 됨으로써 우크라이나와 러시아 사이의 구별이 크게 문제되지 않는 상태로 1991년 소련 해체까지 지내게 된다. 이 지역은 소련 군산복합체의 산업적 기지 역할을 담당했고, 철강, 석유화학, 석탄, 제철, 항공 등 우크라이나의 주요 기간산업은 주로 동부에 존재해 왔다. 아직도 도네츠크 주가 내는 세금이 우크라이나 세수 전체의 1/4을 차지할 정도로 농업 중심의 서부에 비해 동부의 경제력이 높다. 이렇게 이 지역의 친러시아 성향은 깊은 역사적 뿌리를 갖는다(Каганский 2000; 허승철 2011).

자료1. 우크라이나 지도

그뿐만 아니라 우크라이나 전체 인구 비율이 우크라이나인

77.8%, 러시아인 17.3%인데 비해, 도네츠크와 루한스크는 러시아인 비율이 40%에 달하며, 특히 크림공화국의 경우, 러시아인 비율이 60%에 달한다. 러시아 정체성은 특히 언어에서 더욱 두드러지게 나타난다. 우크라이나의 공식어는 우크라이나어지만 실질적으로는 우크라이나어와 러시아어의 이중언어체계가 대다수 시민에게 자연스런 현실로 받아들여진다. 실제로 우크라이나 공식기관이 실시한 각종 설문조사에 따르면 우크라이나인의 68%가 러시아어를 자유롭게 구사한다. 이 같은 현상은 특히 동남부 지역에서 압도적으로 두드러지는데, 크림공화국의 경우 인구의 97%, 도네츠크는 93%, 루한스크는 89%가 러시아어를 상용어로 사용하며, 동남부 전체 주민의 92%가 우크라이나어보다 러시아어가 더 편하다고 대답했다. 이런 상황에서 반러, 친서구 임시정부의 집권, 여기에 더해 러시아어 공용어 지위 박탈이 이 지역에 어떤 파장을 몰고 올지는 충분히 예상 가능한 일이다. 그 결과는 일반 주(洲)보다 훨씬 높은 독립성을 갖는 자치공화국 크림의 우크라이나로부터의 분리 독립, 러시아로의 통합이라는 극단적인 결말로 가시화됐다. 다시 사건 일지로 돌아가 보자.

2) '노보로시야'의 재탄생?: 크림의 분리 독립과 돈바스 내전

2014년 2월 23일 친서구 임시정부 수립 후 크림에서는 임시정부 지지세력과 반대세력이 격돌한다. 2월 27일 친러파 악쇼노프 (S. Aksyonov)가 크림의 새 총리로 임명되고, 크림 지위와 관련한 주민투표 실시가 결정된다. 2014년 3월 1일 푸틴이 발의한 '우크라이나 내 러시아 군사력 사용' 법안이 의회에서 만장일치로 통과되어 러시아 군이 크림에 비공식 투입된다. 우크라이나, 미국 등은 이에 강하게 반발하며 강력한 제재 의사를 밝혔다.

3월 16일 크림의 분리 독립 및 러시아 귀속에 대한 국민투표가 실시되고, 크림 시민의 96.77%가 이를 지지하는 것으로 드러났다. 이에 기반해 3월 17일 크림 의회는 크림 독립을 선포, 3월 18일 러시아와 크림 간 귀속 관련 조약이 체결되고, 3월 21일 푸틴은 크림공화국과 세바스토폴 시로 구성된 새로운 러시아 연방구 창설을 포고한다. 미국, 유럽 등 국제사회는 크림 국민투표 무효와 크림 합병의 불법성을 주장하며, 러시아의 G8 지위 박탈, 수출입 규제, 비자발급 제한, 경제계 핵심인물 등에 대한 제재로 맞섰다.

크림반도의 분리 독립과 러시아 귀속은 친러 성향이 강한 동남부 다른 주에도 영향을 미쳐, 결국 5월 11일 도네츠크와 루한 스크 주에서 이뤄진 투표 결과 각각 주민 89.7%, 96.2%의 찬성 으로 분리 독립이 결정되었다. 5월 12일 '도네츠크인민공화국'과 '루한스크인민공화국'의 수립이 선포되고, 5월 24일 두 독립공화 국은 서로를 통일해 '인민공화국연방'을 수립하는데, 이 연방의 이름이 다름 아닌 '노보로시야'였다.

두 공화국을 우크라이나 중앙정부가 인정하지 않은 것처럼, 두 공화국은 5월 25일 치러진 우크라이나 대통령선거를 보이콧 했고, 반군은 동남부 전역으로 세력을 확장한다. 6월 7일 대통령 에 취임한 포로셴코(P. Poroshenko)는 한편으로는 평화 정착을 위 한 협상을, 다른 한편으로는 적극적인 진압작전을 개시한다. 7 월 17일, 내전의 격전지인 도네츠크 주에서 말레이시아 민간항 공기 보잉 777이 미사일에 격추, 추락해 298명의 탑승자 전원이 사망하는 사고가 발생하고 정부군과 반군은 책임공방을 벌인다. 7월 21일 정부군의 대대적인 반군 진압작전이 시작되어 반군 거 점지역이 정부군에 의해 탈환되고 반군은 수세에 몰린다. 그러 자 8월 27일 러시아군 병력이 돈바스 지역에 투입되어 러-우크 라이나 전면전으로 확대될 위기가 발생한다.

결국 전쟁 확산을 우려한 국제사회의 적극적인 중재로 우크라이나 정부군과 반군은 2015년 2월 15일 0시를 기해 교전을 중단하는 '민스크 평화협정'을 맺는다. 하지만 우크라이나 중앙정부와 도네츠크/루한스크독립공화국 간 갈등, 동서 대립 등 우크라이나 국내 갈등, 러-우크라이나 간 국제 갈등의 불씨는 여전히 살아 있다. 유로마이단 혁명 5주년을 즈음한 2018년 11월 25일 러시아가 우크라이나 함정을 나포하고 승조원을 억류한 사건은 이 분쟁이 여전히 현재진행중임을 여실히 보여준다.

3. 러시아-우크라이나 분쟁의 기원과 의미

1) 러시아 제국의 지정학과 우크라이나

러시아-우크라이나 갈등과 관련해 두 가지 의문을 제기할 수 있다. 러-우크라이나 갈등을 어떻게 이해하는지는 크림 합병을 어떤 용어로 지칭하는지로 잘 드러난다. 푸틴의 우크라이나 정책에 반대하는 쪽은 크림 합병에 대해 '강제적 통합'을 의미하는 'аннексия(annexation)'를 주로 사용한다. 반면 푸틴 지지자들이 자신의 지지를 유표화하는 가장 손쉬운 방법은 '재통일'을 의

미하는 'воссоединение(reunification)'로 이를 지시하는 것이다. 실제로 크림이나 동남부의 친러 분리주의자들은 흔히 '(재)통일'을 기치로 내걸었고, 푸틴은 크림 합병을 전후로 한 각종 연설에서 '(재)통일'이란 단어를 여러 번 사용하며 강조했다. 러시아 국회의장 나르이쉬킨(S. Naryshkin)처럼 크림 통일이 독일 통일이나 다를 바 없다는 주장을 하는 정치인을 발견하는 것도 전혀 어려운 일이 아니다. 크림과 우크라이나를 말하며 이들은 왜 '(재)통일'을 거론하는가.

두 번째 의문은 푸틴은 왜 유독 우크라이나 사태에 크림 합병이라는 초강수로 대응했는가다. 많은 전문가들이 크림의 분리 독립선언과 거의 동시에 이루어진 매우 신속하고 단호한 합병 조치에 대해 근외 지역, 즉 구소련 권역과 관련한 푸틴의 기존 행보에 부합하지 않는 일로 평가한다(Лукьянов, 2014; 홍완석 2014). 실제로 소련 해체 후 구소련 지역에서 분리주의 운동이 벌어진 것은 단지 크림과 우크라이나만이 아니다. 체첸이나 다게스탄의 경우에서 잘 알 수 있듯이 러시아는 자국 내 분리주의 운동은 강력 진압했지만, 러시아 밖에서는 친러 성향의 소수 민족을 도와 그들의 분리 독립을 도왔다. 가장 대표적인 사례가 탈냉전 시기 러시아가 벌인 최초의 전쟁인 2008년 러시아-조지아 간 '5일 전쟁'이다. 러시아는 조지아 중앙정부와 친러 분리주의 반군(조지아 내 소수민족자치공화국인 남오세티아) 사이의 전쟁에 개입해 남오세티아를 독립시켰다. 하지만 남오세티아공화국의 요청에도 불구하고, 더구나 이미 러시아연방 내 그 반쪽인 북오세티아공화국이 존재함에도 불구하고, 전쟁까지 불사했던 러시아는 통합을 거절했다. 그 외에도 조지아의 압하지야, 아제르바이잔 내 친러 아르메니아 소수민족체인 나고르노-카라바흐, 몰도바 내의 트란스니스트리아 등이 러시아의 직간접적인 지원 아래 공화국으로 독립했지만, 러시아는 그 주권을 인정했을 뿐 통합을 단행하지 않았다(Cabestan and Pavkovic eds. 2013; Hale 2008; 우평균 2014).

이와 비교해 전격적인 크림 합병으로 우크라이나의 분리주의 운동에 적극 호응한 러시아의 행보에 대해 먼저 지정학적 해석이 가능하다. 즉 우크라이나에서 "탈냉전 이후 옛 소련 권역을 둘러싼 러시아와 서방 사이의 지정학적 경쟁과 갈등"이 폭발했고, 러시아와 유럽 사이에 위치한 우크라이나는 러시아에게 더 이상 양보할 수 없는 마지노선이었다는 것이다(장덕준, 2015; 홍완석, 2014). 사실 그간 러시아는 소련 해체 후 지속적으로 추진된 EU 확대, 나토 동진에 매우 민감하게 반응해 왔다.

실제로 EU는 2004년 발트3국을 회원국으로 받아들였고, 2009

년부터는 우크라이나를 포함해 벨라루스, 몰도바, 조지아, 아르메니아, 아제르바이잔 등과 동방 파트너십 프로그램을 추진하는 등, 구소련 구성 공화국의 EU 편입에 적극적이다. 현재 우크라이나, 몰도바, 조지아는 2014년 6월 말 EU와 협력협정을 체결한 상태다. 한편 나토는 1999년에 헝가리, 폴란드, 체코를, 2004년에는 발트3국, 루마니아, 불가리아 등 구사회주의권 국가들을 끌어들이며 세를 확장해 왔다. 특히 미국은 2004년 크림의 러시아 흑해함대 주둔지와 마주한 루마니아 코스탄차에 미 해군 최대 거점을 확보하고 베세데르 미사일 방어용 공군기지를 건설하는 한편, 불가리아에서도 베즈메르 미 공군기지 확장 공사를 진행 중이다(유철종, 2014; 정재원, 2014). 루마니아와 불가리아는 흑해연안에서 우크라이나를 사이에 두고 러시아와 마주하고 있는 나라들이다. 이는 우크라이나가 러시아와 나토 사이에 남은 마지막 완충지대란 뜻이다.

한편 EU 확대와 나토 동진은 러시아의 핵심 이해와 안보에 중대한 위협이 됨과 동시에, '유라시아공동체' 건설이라는 푸틴의 메가 프로젝트와도 정면으로 충돌한다. 2011년 소련 해체 20주년을 맞아 푸틴이 제안한 '유라시아공동체(Eurasian Union)'는 구소련 권역의 통합에 기반한 정치, 경제, 안보 공동체로, 2015년 1

월 그 전 단계에 해당하는 유라시아경제공동체(Eurasian Economic Community)가 러시아, 벨라루스, 카자흐스탄의 주도 아래 출범했다. 중요한 점은 소련의 모태가 러시아, 벨라루스, 우크라이나 간 연합에 있었고, 소련의 해체가 그 3국 정상간 합의로 이루어졌듯이, 러시아에게 우크라이나를 제외한 유라시아공동체의 성공, 이에 기반한 글로벌 헤게모니의 장악이 불가능하다는 데 있다. 일찍이 브레진스키(Z. Brzezinski, 2007)가 갈파한 것처럼 "우크라이나 없는 러시아는 더 이상 유라시아 제국일 수 없다."

그런데 여기서 우리는 한 걸음 더 나갈 수 있다. 우크라이나가 러시아에 대해 그렇게 큰 의미를 가지는 것은 우크라이나 없이는 '러시아가 제국일 수 없기' 때문만이 아니라, '러시아가 러시아일 수 없기' 때문이다. 다시 말해 우크라이나에 대한 러시아의 비상한 관심은 유럽에서 러시아 다음으로 가장 넓은 영토와 많은 인구, 풍부한 지하자원을 가진 그 나라가 러시아의 정치, 경제, 안보적 이해에 결정적이기 때문임을 넘어서, 그 역사와 문화, 정체성과 가치, 멘탈과 정서에 심대한 영향을 미치는, 수사로서가 아닌 말 그대로의 '형제' 국가이기 때문이다. 우크라이나, 특히 크림과 관련해 '통일'이 거론되는 이유가 여기에 있다.

2) 형제국가들의 역사 전쟁

(1) 우크라이나, 러시아의 고대를 구성하다

소련 해체를 다룬 러시아 내외 연구들에서 흔히 주목되는 사실은, 해체 과정에 대한 일반적인 표상과 달리 당시 15개 소련구성공화국들에서 활발하게 진행됐던 분리 독립 운동 뒤에 숨은 가장 중요한 동기가 '민족적인' 것이라기보다 '정치적인' 것, 즉 소련 정치경제시스템에 대한 불만과 개혁의 요구였다는 것이다. 이를 결정적으로 뒷받침해 주는 것은 당시 소련 시민들 대다수가 해체 직전까지도 연방의 해체가 아니라, 그 보존을 원했다는 사실이다. 『연방은 보존될 수 있었다』(Sojuz mozhno bylo sokhranit)라는 제목의 백서에 따르면, 1991년 3월 소련 시민 전체를 대상으로 한 국민투표에서 그 76.4%가 연방 보존에 찬성표를 던졌다. 우크라이나의 경우 찬성비율은 80.17%로 소련 평균보다 높으며, 중앙아시아 5개국의 경우는 90%를 훌쩍 넘는다. 짐작할 수 있듯이 연방 보존의 분위기를 순식간에 해체로 뒤집어 버린 불의의 일격은 1991년 8월 모스크바에서 일어난 반개혁적 군부 쿠데타였고, 이후 12월 1일 다시 실시된 우크라이나 국민투표의 결과는 소련 해체와 독립 찬성 90%로 완전히 역전된다(Вебер и др. 1995; Hale 2008; Cabestan and Pavkovic eds. 2013). 우크라이나의 이 강력한 독립 의지가 소련 해체의 중요한 요인이 되었음은 이미 밝힌 바와 같다. 러시아, 우크라이나, 벨라루스 3국 정상 간 합의에 의해 전격적으로 소련 해체를 결정한 1991년 12월 8일 벨로베즈 협정 직후, 옐친은 대의회 연설에서 '우크라이나 없이 연방을 강화하는 것은 범죄'라며 소련 해체의 정당성을 주장했다(Hale, 2008).

이처럼 러시아, 우크라이나, 벨라루스가 소련의 시작과 종말을 함께 결정할 수 있었던 가장 큰 동인은 각각 '대러시아', '소러시아', '백러시아'로 슬라브공동체를 구성하며 수세기 동안 혈연적, 언어적, 종교적, 문화적 동질성을 누려 왔기 때문이다. 삼국은 같은 동슬라브족으로 종족적, 지리적, 역사적 기원을 공유해 왔다. 러시아인과 우크라이나인, 벨라루스인 사이를 선명하게 가르는 인종적 차이는 없다. 또 모스크바공국-제정러시아-소비에트 연방으로 이어지는 러시아 역사의 시작, 즉 러시아 고대사가 바로 키예프공국의 역사이며, 따라서 우크라이나가 사라지면 러시아 고대가 사라진다. 키예프공국 시기인 고대 루시(러시아) 시절 키릴문자가 만들어져 러시아와 우크라이나의 공식문자가 되었고, 키예프의 대공 블라디미르는 로마 가톨릭과 그리스 동

방정교 중 후자를 국교로 채택해 서유럽과 구별되는 러시아만의 독특한 종교문화가 만들어지도록 했다. 그가 공식적으로 세례를 받은 곳, 즉 고대 루시 전체의 기독교화를 알리는 식이 거행된 곳이 바로 지금의 크림이다.

러시아는 최초의 차르인 이반 뇌제가 통치한 16세기 이래 거의 500년을 제국으로 살았다. 따라서 '제국의 같은 신민', '소비에트 나로드의 연대' 등이 표상하듯이 자신과 다른 민족이나 국가와의 공존은 필수적이면서 익숙한 일이었다. 제국의 신민들, 소비에트 인민들이 한번도 같거나 평등한 적이 없었다는 것은 분명한 사실이지만, 적어도 우크라이나는 러시아에게 결코 '남'인 적이 없었다. "우리와 가장 가까운 나라이자 우리의 '제2의 나'이며, 같은 본질의 다른 발현인 우크라이나를 들여다보면서 러시아 사회는 자신을 인식하고 자신의 위치를 평가하고 자신의 변화를 의미화"했으며, 러시아에게 우크라이나는 "사실상 우리"다 (Яковенко, 2005).

더욱 주목해야 할 것은 우크라이나라는 이름이 단일한 행정적-지리적 단위로 지도상에 처음 등장한 것은 1917년에 이르러서인데, 그 이름 또한 '러시아령 우크라이나인민공화국'이었다는 사실, 또 앞서 밝힌 바와 같이 우크라이나 동부의 상당한 지역이 17세기부터 거의 2세기에 걸쳐 이루어진 제정러시아의 영토 확장에 의해 얻어진 것일 뿐만 아니라, 2차대전 이전까지 소련 외부에 속했던 우크라이나 서부 지역을 합병해 우크라이나 동서 통합을 종결하고 현재와 같은 영토로 국경을 최종 확정한 사람이 다름 아닌 스탈린이라는 사실이다. '우크라이나'라는 국명 자체가 러시아와의 이러한 근원적 관계를 함축한다. 러시아어로 '우(u)'는 'in', '크라이(kraj)'는 '변경, 끝'을 뜻한다. 변경의 호명은 중심이 있어야 가능하다. 러시아인과 우크라이나인의 수세기에 걸쳐 형성된 심상지리 속의 우크라이나는 무엇보다 '러시아의 변경, 그 끝'으로 위치하며, 양국 간 지배와 저항의 역사는 이 심상지리의 구축과 탈구축 과정에 다름 아니다. 이쯤 되면 우크라이나 없이 러시아가 러시아가 아닌 것처럼, 러시아 없이는 우크라이나도 우크라이나가 아니다.

(2) 러시아, 우크라이나의 근대를 설계하다

19세기 중후반부터 20세기 초 우크라이나 최초로 민족주의 운동이 전개되면서 우크라이나 정체성에 대한 탐색이 활발히 이루어진다. 이 운동과 담론은 러시아를 강력한 대타자로 삼았다. 우크라이나 역사학의 창시자이자, 우크라이나 최초의 국가수반이었던 흐루셉스키(M. Hrushevsky)가 이 흐름을 주도했다. 그의 가장 큰 공적은 그로 인해 비로소 우크라이나가 자국사(national history)를 갖게 되었다는 것이다. 그는 갖은 외세의 침입에 이리 저리 휩쓸리며 살았더라도 우크라이나 정체성이 분명히 존재한다고 주장하며, 그 요소로 '키예프루스, 정교, 코사크, 우크라이나어'를 꼽았다. 그는 키예프공국과 모스크바공국 사이의 연쇄를 끊어내고 키예프공국의 역사를 우크라이나의 것으로 만들어 우크라이나 정체성을 제정러시아의 그것과 구별하려 했다. 그는 우크라이나 근대국가의 기원을 러시아 전통이 아닌, 17세기 코사크 헤트만 국가에서 찾았고, 그 코사크국 수장이었던 흐멜니츠키(B. Khmelnytsky)를 우크라이나 근대국가의 창시자라 주장한다(한정숙, 2014; Plokhy, 2001 & 1995).

흐루셉스키의 '역사 만들기'의 문제점, 즉 심지어 우크라이나라는 나라도 없고, 당연히 그 영토적 경계도 뚜렷하지 않은 상황에서, 우크라이나 민족해방이라는 당위에 의해 연역적으로 '구성된 역사'의 한계에 대해서는 러시아 역사가만이 아니라 우크라이나 역사가들도 인정하는 바다. 우크라이나 출신의 하버드대 동유럽사 교수인 플로히(S. Plokhy, 1995)는 흐루셉스키의 역사 만들기로 탄생한 우크라이나 민족국가와 민족주의를 "정교하게 가공된 역사적 신화의 직접적인 산물"로 간주한다. 말하자면 민족(국가)의 존재가 그 역사를 만든 것이 아니라, 역사가 민족(국가)을 창조했다는 것이다. 이를 조금만 비틀면, '민족이 민족주의를 만드는 것이 아니라, 민족주의가 민족을 만든다'는 겔너(E. Gelner), 앤더슨(B. Anderson) 등의 유명한 테제와 연결될 수 있다.

이런 정교한 반론을 차치하더라도, 1) 키예프공국과 우크라이나의 계승성을 주장하는 것이 그것과 모스크바공국 사이의 연속성을 부정하는 근거가 될 수 없다는 점, 2) 흐루솁스키가 우크라이나적 요소의 하나로 꼽은 코사크는 대표적인 다국적, 다민족 노마드라는 점, 3) 우크라이나의 국가영웅 흐멜니츠키는 1654년 모스크바공국과 페레야슬라브 보호조약을 맺음으로써 러시아의 우크라이나 지배를 공식화한 인물이기도 하다는 점, 4) 따라서 그가 러시아에서는 키예프공국의 멸망 이래 갈라졌던 러시아와 우크라이나를 '(재)통일'시킨 영웅으로 칭송된다는 점, 5) 마지막으로 1954년 흐루시초프가 200년간 러시아 땅이었던 크림반도를 우크라이나에 호기롭게 넘겨준 것도 바로 이 페레야슬라브조약 300주년을 맞아 러시아와 우크라이나의 '(재)통일'을 기념하는 선물이었다는 사실을 기억할 필요가 있다.

하지만 역사적으로 어느 것이 더 타당한가를 묻는 것보다 중요한 것은 흐루솁스키의 이러한 민족사관, 즉 러시아를 적대적 대타자로 삼아 구성된 우크라이나 민족정체성에 대한 '주장'이 역설적이게도 이후 소비에트 체제에 의해 그 구체적인 형태를 부여받으며 하나의 '실체'로 굳어졌다는 사실이다. 이 과정에서 중요한 역할을 한 것이 1920~30년대 초반까지 이어진 볼셰비키의 민족(국민)국가 창조와 '토착화' 정책이다.

　흔히 '민족들의 감옥'이라 알려진 소련에 대한 표상과 달리, 적어도 소련 초기 레닌의 민족정책은 결코 반민족적이지 않았다. 이는 마르크스주의 역사발전론과 밀접히 관련된다. 즉 사회주의는 고도로 발전된 자본주의의 물적 토대를 자기 동력으로 삼는데, 볼셰비키 혁명 직후 러시아 제국은 자본주의에조차 이르지 못한 상태였다. 레닌은 민족(국민)국가에 기반해 사회주의에 요구되는 역사단계로의 발전을 가속화하고자 했다. 다른 한편 이는 민족자결에 대한 레닌 고유의 신념이나, 피억압 소수민족의 혁명적 잠재력을 사회주의 건설로 결집시키고자 했던 실천적 목적과도 관련된다. 그 결과 이후 소비에트 연방의 형성 과정은 민족적 경계선을 축으로 새로운 국민국가를 만들어 통합하는 과정에 다름 아니었다. 1919년 볼셰비키에 의한 벨라루스사회주의공화국 수립, 1920년 우크라이나사회주의공화국과 트랜스코카서

스공화국 수립, 이에 기반한 1922년 소비에트연방 탄생은 이에 따른 결과다.

한편 1920~30년대 지속된 토착화 정책이란 이렇게 새로 창조된 개별공화국에 그에 걸맞은 정체성을 부여하는 과정, 즉 비러시아계 신생공화국의 민족(국가)정체성의 제도화 과정이라 할 수 있다. 그 정책의 핵심은 현지화(현지인 고용과 현지어 사용)에 있었다. 우크라이나의 토착화는 '우크라이나화'라 불렸는데, 당이나 국가기구 및 주요행정기관에 종사하는 우크라이나인의 수를 대폭 늘리고, 우크라이나어 사용 범위를 확대하고, 우크라이나 민족문화를 고무, 발전시키는 것을 주요 임무로 삼았다. 토착화의 가장 중요한 결과는 이를 통해 민족 엘리트층이 형성되고 우크라이나 민족문화 발전의 토대가 마련되었다는 점이다(Хлынина и Васильев, 2011; Воронович, 2012; Hale, 2008).

이 모든 과정은 흐루솁스키 시절 극히 소수의 지식인에게만 공유되던 우크라이나 민족(국가)정체성에 대한 의식이 대중화되고, 신화인지 역사인지 가물거리기만 하던 우크라이나가 고유한 이름과 영토와 문화를 가진 현실의 민족국가로 실체화되고, 우크라이나인이라는 자각이 개개인의 내면에 자연스럽게 스며들도록 했다. 물론 1930년대 본격화된 스탈린의 강력한 중앙집권

화, 러시아중심주의, 반민족정책으로 고작 10년 남짓한 기간 시도된 것에 불과하지만, 국가의 틀이 막 형성되던 시기 주요정책으로 추진된 토착화는 "우크라이나 정체성의 발전에 의심할 수 없이 중요한 역할을 했다"(Воронович 2012)고 평가된다.

그럼에도 적어도 소련 시절에는 이 정체성이 독립이나 분리주의의 수준으로 고양된 적은 없었다. 우크라이나화로 형성된 우크라이나 정체성은 이를 압도하는 '러시아화'와 소비에트 정체성의 표면 아래 은닉되어 있었다. 1991년 3월 소연방 존속 찬성 80%가 불과 1년도 안 돼 해체 찬성 90%로 돌변할 수 있었던 비밀의 열쇠가 바로 이 두 정체성 간의 내밀한 공존 속에 있다. 1991년 독립 후 소비에트라는 족쇄에서 풀려난 이 두 정체성은 서로 경쟁하며 각자의 기원으로 달려 나간다. 독립 우크라이나에서 반복된 친러시아, 친유럽 정권의 교대, 키예프의 '유로'마이단과 동부의 노보'로시야', 그리고 마침내 크림. 2014년의 우크라이나 사태는 바로 이 기원들의 전쟁이다. 하지만 앞에서 살펴본 것처럼, 서로가 서로를 품고, 서로가 서로를 비추며, 서로가 이미 서로인 그들은 지금 어느 기원으로 달려가고 있는가. 그들은 이미 서로가 서로에게 기원이지 않은가.

4. 러시아와 우크라이나의 상호구성성
  : 분쟁의 기원을 공존의 근거로

본문을 통해 2014년 우크라이나 사태에서 드러난 우크라이나와 러시아 사이의 갈등이 단지 지정학적 이해가 아니라, 오히려 너무나 가깝고 긴밀한 역사적 관계에서 비롯한다는 점을 밝혔다. 사태의 직접적 원인이었던 우크라이나 동서 갈등, 우크라이나를 매개로 한 서구와 러시아의 대치 역시 기본적으로 이 관계 속에서 파생된 것이다. 우크라이나가 러시아 고대를 구성하고, 러시아가 우크라이나의 근대를 구획하는 이 상호구성성은 소련에 의해 우크라이나 정체성이 완성되는 것으로 종결된다. 이 관계는 때로는 슬라브 형제애나 소비에트 연대로 공존의 기억을 만들었지만, 때로는 억압과 착취의 관계에 다름 아니어서, 특히 우크라이나에 깊은 상처를 남겼다. 스탈린의 대숙청과 반민족정책으로 많은 우크라이나 엘리트가 사라졌다. 흐루셉스키도 바로 이때 목숨을 잃었다. 따라서 러시아가 공존의 기억을 근거로 우크라이나에 어떤 역사적, 영토적 지분을 강요하는 것은 잘못이다. '(재)통일'은 어느 한쪽의 주장으로 성립될 수 있는 것이 아니다.

푸틴은 크림반도가 1783년 예카테리나 2세에 의해 제정러시아에 복속된 후 200년에 가까운 세월 동안 러시아 땅이었고, 1954년 우크라이나에 양도한 것은 전적으로 흐루시초프 개인의 결정이기에 위헌이라며 크림 합병의 정당성을 주장했다. 더불어 2008년 코소보가 주민투표 결과에 기반해 주권국 세르비아로부터 분리 독립한 사례를 들어 왜 코소보는 되는데 크림은 안 되냐고 항변한다. 하지만 크림이나 우크라이나 동남부의 친러 정서가 아무리 자발적이라 해도, 분리 독립 자체에 군사적으로 개입해 그 과정을 주도한 것은 결코 정당화될 수 없고, 따라서 인정될 수 없다.

그럼에도 다음의 측면을 고려해볼 필요가 있다. 크림은 물론 코소보를 포함한 분리 독립과 관련해 전문가들은 그 개개의 사례를 판단할 만한 국제법적 메커니즘이 존재하지 않으며, 그 해결이 합의된 원칙보다 국제정치적 논리에 좌우된다고 지적한다. 이렇게 UN 등 국제기구가 분리주의 갈등에 무력한 근본 원인은 보통 그 갈등이 UN 정신이 기반하는 '영토적 통일성 보전의 원칙'과 '민족자결 원칙'의 충돌, 즉 "주권과 자결의 경쟁"을 본질로 삼기 때문이다. 현재로서는 주권과 자결 사이의 모순을 해결하는 유일한 방법은 그것이 얼마나 정당한가, 얼마나 불가피한가에 대한 판단이며, 인종학살을 경험한 코소보의 독립선언은 이런 이유로 '예외적으로' 국제적인 인정을 받았다(Cabestan and Pavkovic eds. 2013; Макарычев, 2014).

하지만 그러한 '정당성', '불가피성'에 대한 판단은 늘 정치적일 수밖에 없다. 특히 분리 독립을 주장하는 경우는 보통 근대적 국민국가의 표준 밖에 자기 역사를 두는 경우가 많다. 즉 식민의 경험을 가진 약소국이나 소수민족이 그들인데, 그들의 자결의 권리는 대부분 주권의 논리에 의해 억압당한다. 이런 의미에서 크림은 오히려 예외에 해당한다. 하지만 역으로 크림은 강대국 러시아에 의해 오히려 자결이 주권을 폭력적으로 압도한 경우에 해당하기에 마찬가지로 주권과 자결의 경쟁구도 속에서 볼 수 있다. 이런 분리주의 갈등은 탈식민주의, 탈냉전 시대 가장 흔한 분쟁 목록 중 하나다. 그런데도 UN은 원칙적으로 합의 없는 영토 변경 불가 입장이다. 합의가 가능하면 왜 싸우겠는가. 그런데도 자결의 권리가 주권을 압도할 정당성을 얻기 위해서는 인종학살 정도의 폭력은 있어줘야 불가피했다고 인정되는가. 이제 UN이 주권과 자결의 조화로운 일치라는 지극히 근대적인 전제에서 벗어나 주권과 자결의 불일치에 대처할 해법을 미리 마련해야 할 때가 온 것 아닌가 하는 생각을 해 본다.

한편 우크라이나는 우크라이나 정체성에 러시아가 기원적으로 연루되어 있다는 사실을 부정할 수 없다. 좋든 싫든, 키에프 공국으로부터 러시아령 우크라이나인민공화국, 우크라이나소비에트공화국에 이르기까지 그 역사적 운명은 러시아와의 상호 관계 속에 형성되어 왔으며, 러시아라는 계기를 부정하는 순간 우크라이나성 자체가 흔들린다. 2014년 크림 독립과 노보로시야 연방 수립은 우크라이나가 자신 속의 러시아를 부정할 때 오히려 그 러시아가 위협적으로 부활한다는 사실을 극적으로 보여준다. 통일이 거론될 정도의 질긴 인연이 남다른 연대가 아니라 또 다른 분단으로 변질되는 것은 순식간이다. 역사적으로 늘 그랬듯이 그 결과는 러시아보다 우크라이나에 더 치명적일 것이며, 이미 우크라이나의 더욱 심화된 동서 갈등에 그런 분단의 조짐이 엿보인다.

아마도 우크라이나 사태 이후 동남부를 제외한 우크라이나에 러시아에 대한 분노와 적대감이 커질 것이고, 우크라이나 정체성으로부터 러시아의 흔적을 제거하려는 경향이 더 강해질 수도 있다. 이는 흐루솁스키의 '민족(국가)의 발명'을 반복하는 것이다. 물론 그것이 당대에 가졌던 의미는 분명히 존재한다. 사실 '상상의 공동체'류의 탈민족주의 담론은 (실체이든 구성된 것이든) 역사나 문화나 집단정서 등에 '현실적'으로 존재하는 어떤 민족적인 것, 일종의 유대나 공통감각의 존재를 때로 과도하게 부정한다. 그러나 그러한 과도함은 민족, 국민국가 같은 근대적 구획이 낳은 폭력과 비극을 교정하고자 하는 또 다른 차원의 '현실적' 토대를 갖고 있다. 탈근대 탈민족주의 담론의 이러한 실천적 역할을 근대 시기에는 민족주의 담론이 감당하고 있었다. 따라서 현재의 관점에서 당시 민족주의 담론에 탈민족주의적인 잣대를 들이대는 것은 일종의 아나크로니즘(anachronism)이다. 특히 우크라이나같이 유럽 근대국가의 표준에 맞지 않으며, 그 결과 근대의 폭력을 고스란히 감당해야 했던 나라에서 민족의 '발명'은 당시로서는 유일한 선택이었을 수 있다.

하지만 현재 우크라이나에 필요한 것은 자신 속의 타자를 '지워 버리는' 흐루셉스키 식의 발명이 아니라, 그 흔적을 적극적으로 '되살리는' 새로운 발명이다. 그리고 이미 우크라이나 역사는 그런 타자들의 목소리와 접촉의 흔적들로 가득하다. 하나의 정체성으로 종결되는 근대민족 담론에 부합하지 않았던, 그래서 '발명'까지 필요로 했던 우크라이나 역사의 유동성, 복수성, 미완결성은 일국사를 넘어서 지구사(global history), 트랜스내셔널 역사학(transnational history)으로 나아가는 현대 역사학의 귀중한 보고가 될 수 있다. 이런 새로운 상상이 학문뿐 아니라, 우크라이나인의 일상과 의식에 스며든다면, 러시아와의 인연은 더 이상 악연이기를 멈출 것이다. 우크라이나가 러시아와의 해묵은 분쟁과 반목에서 벗어날 수 있는 길은 1991년 독립 이후 우크라이나가 반복해 온 친러 또는 친서구의 극단적 양자택일이 아니라, 러시아와 서구 사이의 지혜로운 균형 속에 있으며, 이는 소비에트라는 역사를 공유한 포스트소비에트 지역 내 모든 분쟁 당사자에게도 유용한 참조점이 될 수 있을 것이다.

보스니아 내전, 냉전 종식이 불러온 새로운 전쟁

김철민

1. 보스니아 내전을 들어가며

20세기 말 민족 간의 내전과 전쟁을 겪기 이전, 보스니아-헤르체고비나(Bosnia and Herzegovina/ Bosna i Hercegovina, 이후 글의 편의상 '보스니아'로 약칭) 지역은 동·서양의 종교와 문화 그리고 다양한 민족이 서로 조화롭게 어우러진 평화의 모자이크 지역으로 국제사회에 널리 알려져 왔다.

하지만 1990년 사회주의 유고슬라비아 연방(이후 '유고 연방'으로 약칭)의 기능이 사실상 정지되고 난 후 발생한 유고 내전(1991.6.~1995.10.)과 그 여파로 인해 발생한 보스니아 내전(1992.3.~1995.10.)은 이러한 모자이크와 조화로움에 큰 상처를 입힌다. 이후 UN과 미국 등 서구 진영의 개입이 뒤따랐고, 보스니아 민족문제는 국제 이슈로 크게 확대되었다. 3년 8개월간 이어진 보스니아 내전은 제2차 세계대전 이후 유럽에서 발생한 가장 끔찍하고도 규모가 큰 민족 분쟁으로 평가받고 있다. 보스니아 내전은 1995년 11월 21일 미국 주도로 수립된 '데이튼 평화협정

(Dayton Peace Agreement)' 체결과 더불어 종결되었고, 현재 협정 원칙에 따라 '1국가 2체제'라는 독특한 정치, 행정 체계를 구축하고 있다.

2. 보스니아는 어떤 나라일까?

〈보스니아 헤르체고비나, 1국가 2체제 지도〉

보스니아는 크로아티아(Croatia/ Hrvatska), 세르비아(Serbia/ Srbija) 그리고 몬테네그로(Montenegro/ Crna Gora)와 국경을 맞대고 있으며, 남쪽에는 아드리아해로 이어지는 총 21.2km의 좁은 해안선을 소유한다. 면적은 총 51,209㎢(세계 125위/ 한국은 총 100,210㎢로 107위)로 화살촉 혹은 심장 모양으로 묘사된다. 보스니아는 보스니아(Bosnia/ Bosna)와 헤르체고비나(Herzegovina/ Hercegovina) 지방으로 이루어져 있다. 보스니아 명칭은 내륙을 북에서 남으로 가로지르는 보스니아 강에서 유래했고, 헤르체고비나 명칭은 15세기 오스만 터키 지배 전 네레트바(Neretva)강 유역 중심 도시인 모스타르(Mostar) 일대를 점령한 헤르체그 대공 가문의 이름에서 유래한다.

내전 전 보스니아 인구는 약 439만 명(1991)이었으나 내전 이후 약 351만 명(2016)으로 줄어들었다. 1998년 통계에 따르면 인구 밀집도는 평당 69명으로 42%의 인구가 도시들에 거주한다. 가장 큰 도시는 사라예보(Sarajevo, 2016년 기준 약 39만 명)로 보스니아공화국의 수도이자 중요한 문화, 사회, 정치, 경제의 중심지 역할을 한다.

2007년 현재 보스니아의 공식화폐는 '보스니아 마르크'라 부르는 태환 마르크(Convertible Mark: KM)다. 태환권은 일종의 신용화폐로 경제와 물가가 불안정한 보스니아 사정에 따라 중앙은행의 통제 하에 통용된다. 하지만 각 공화국들에선 자신들과 경제교류가 활발한 이웃 공화국들의 화폐(세르비아 디나르(Dinar), 크로아티아 쿠나(Kuna))들이 흔하게 통용된다.

공용어는 세르비아어, 크로아티아어와 유사하지만 현지에선 '보스니아어'로 불린다. 보스니아어는 과거 사회주의 유고 연방시절 공용어인 세르보-크로아트어(Serbo-Croat/ Srpskohrvatski)에 기초하고 있다. 세르비아인들의 경우 문자는 러시아 문자와 유사한 키릴문자를, 보스니아 무슬림과 크로아티아인들은 영어 알파벳과 비슷한 라틴문자를 주로 사용한다.

보스니아 민족구성은 내전 전 1991년 인구 조사에 따르면 보스니아 무슬림계(Bosnjak) 44%, 세르비아계(Serbs) 31%, 크로아티아계(Croats) 17%, 티토(Josip Broz Tito, 1892~1980) 시절 시행한 민족 간 혼혈 결혼정책에 따라 형성된 유고슬라비아인(Yugoslavs/ Jugosloveni, '남슬라브족'이란 의미)이 5.5% 그리고 여타 민족이 2.5% 등으로 구성되어 있었다. 하지만 2013년 무슬림계는 50.11%로, 세르비아계는 30.78%, 크로아티아계는 15.43% 그리고 기타 2.73%로 나타났고, 내전 이후 민족 구성상 변화의 심한 발생이 확인된다. 주요 특징은 민족 혼혈로 형성된 유고슬라비아인이 내전 이후 사라지고 상대적으로 무슬림계의 분포도가 커졌다는 점이다. 종교는 전통적으로 보스니아 무슬림들은 이슬람교를, 세르비아인들은 세르비아 정교를, 크로아티아인들은 가톨릭을 신봉한다.

보스니아 국가 체제는 1995년 11월 보스니아 내전을 종결하기 위해 맺은 '데이튼 평화협정'에 따라 지리적 행정구역이 크게 보스니아 무슬림과 크로아티아계가 차지한 '보스니아-헤르체고비나 연방(수도는 보스니아-헤르체고비나공화국 수도와 같은 사라예보)'과 세르비아계가 차지한 '스르프스카공화국(수도는 반야 루카(Banja Luka))'으로 1국가 2체제의 형태를 띤다.

3. 종교와 문화의 모자이크, 보스니아로 탐방

지정학적으로 보스니아는 고대 이래 20세기 초까지 주요한 전략적 요충지에 자리해 왔다. 고대 시기 보스니아는 동·서 로마제국의 분기점에 위치해 있었으며, 중세 초기에는 양대 크리스트교(가톨릭, 정교)의 접합 지점에 자리 잡아 한동안 양대 크리스트교 세력들은 이곳을 차지하기 위해 치열한 전쟁을 치르기도 했다. 6~7세기 남슬라브족이 정착한 이후 한때 보스니아 중세 왕국이 수립되지만, 15세기 이후 유럽으로 밀려오던 오스만 터키의 지배를 받으면서 이슬람의 도입을 받아들여야 했다. 이후 오랫동안 보스니아 내 남슬라브인들은 종교에 따른 독자적인 문화 속에서 조화로운 세계를 구축해 왔다. 이슬람, 정교, 가톨릭이 복잡하게 혼재된 보스니아를 기점으로 동쪽 세르비아부터는 정교권이, 서쪽 크로아티아부터는 가톨릭 문화권이 형성되었고, 이것은 이웃한 다른 남슬라브족들(세르비아인, 크로아티아인)과는 또 다른 자신들만의 독특한 역사와 문화를 형성하였다.

주변 민족들의 잦은 간섭과 외침으로 보스니아 중세 왕국은 주변에 비해 다소 늦게 출발하였으며, 한동안 쥬파(župa)라 부르는 작은 단위체들의 연합체만이 조직되어 있었다. 1318년 보스니아의 스테판 코트로마니치(Stefan Kotromanić) 대족장은 보스니아를 자주 침범하던 헝가리와 관계 개선을 통해 나라를 안정시키고 영토를 확장해 갔다. 그 결과 보스니아는 크로아티아 일부 영토와 세르비아 영향력 하에 있던 훔(Hum, 오늘날 헤르체고비나 지역) 지역을 차지하게 된다. 이후 1353년 트브르트코(Tvrtko 1세, 1353~1391) 시기 보스니아는 이전보다 더욱 활발히 영토 확장을 추진해 독립 왕국의 기틀을 마련할 수 있었다.

하지만 15세기, 오스만 터키 제국의 유럽 진출로 보스니아 국경은 계속 긴장상태에 놓이게 된다. 1430년대에 들어와 오스만 터키는 유럽 진출을 더욱 가속화했고, 1451년에 들어와선 보스니아 동부 지역에 들어와 사라예보 등 많은 도시들을 복속시켰다. 오스만 터키는 1453년에 비잔틴 제국의 수도인 콘스탄티노플(Constantinople, 오늘날 이스탄불)을 정복한 후 발칸 유럽으로의 원정을 더욱 가속화하여 1459년 세르비아 왕국 정복 그리고 1465년에는 보스니아 영토 대부분을 복속시켜 버렸다. 1527년까지 저항한 야이쩨(Jajce) 정도만이 예외였다.

보스니아는 고대 이래로 크리스트교 양대 교회의 접합점에서 비교적 강력한 크리스트교 세력권 하에 자리했던 세르비아와 크로아티아, 헝가리 등 주변 민족들에 비해 상대적으로 신앙심과 크리스트교 교육이 약했다. 이러한 배경 때문에 이후 400년 넘게 이어진 오스만 터키의 지배 당시 보스니아 내 슬라브인들의 대규모 이슬람 개종으로 이어졌다. 이후 보스니아 무슬림들은 오스만 터키 지배 기간 동안 제국의 중앙과 지방에서 충실한 공무원으로, 혹은 독실한 이슬람 신봉자로 성장하였고 오늘날 보스니아의 주요 민족 중 하나로 등장하게 된다. 그 결과 보스니아 내에는 기존 정교도 세르비아계, 가톨릭 크로아티아계 외에도 보스니아 무슬림이 때로는 서로 대치하고, 또 때로는 서로 협력과 조화를 이루며 살았다. 이러한 역사적 배경은 보스니아가 세계적으로도 유명한 '종교와 문화의 모자이크' 지역이 된 주요 배경이 된다.

18세기 산업혁명을 겪었던 서유럽 국가들과 달리 이를 경험하지 못한 오스만 터키는 '유럽의 병자'라는 불명예 속에 혼란에 빠져들고 있었다. 이는 오스트리아가 발칸 유럽으로의 진출을 모색할 수 있던 중요한 동기가 되었다. 오스만 터키의 보스니아 지배는 1877년 러-터(러시아-터키) 전쟁 결과로 맺은 1878년 산 스테파노(San Stefano, 3월)와 베를린(Berlin, 6월) 조약을 통해 그 끝을 맺는다. 베를린 조약 결과 보스니아 행정권은 당시 오-헝(오스트리아-헝가리) 이중제국 지배로 넘어갔다. 이어 1908년 오스트리아는 오스만 터키의 내부 혼란을 틈타 보스니아를 완전 병합한다.

19세기 발칸 지역은 그 어느 때보다도 새로운 위기감이 조성되고 있었다. 1866년 프로이센과 전투에서 패한 이후 오스트리아는 더 이상 서쪽으로의 식민지 확대를 할 수 없게 되었다. 대신 발칸으로의 '동진(東進)정책'을 추진해 갔다. 당시 러시아는 부동항 획득과 흑해 연안에 대한 영향력을 확대하고자 발칸으로 '남진(南進) 정책'을 추진했다. 19세기 동유럽으로 급속히 확대된 민족주의 또한 주요한 변수로 등장한다. 특히 영토 팽창과 과거 화려했던 역사 부활을 모토로 한 '문화적 민족주의(Cultural Nationalism)'는 발칸 유럽 여러 민족들을 크게 자극하였다. 당시 보스니아 내 세르비아인들 또한 이웃한 세르비아 근대 왕국을 중심으로 대(大)세르비아를 건설하겠다는 강력한 열기를 지니게 된다. 이것은 1914년 6월 사라예보를 방문한 오스트리아의 페르디난드(Ferdinand) 황태자 부처가 세르비아 청년인 가브릴로 쁘린찌쁘(Gavrilo Princip)에게 암살되는 사건을 낳는다. 그리고 이 사건은 곧이어 제1차 세계대전으로 이어졌다.

제1차 세계대전 이후 보스니아는 최초의 남슬라브족 국가인 '세르비아-크로아티아-슬로베니아 왕국(1929년 이후 '유고슬라비아 왕국'으로 개명)'에 편입되었다. 제2차 세계대전 이후엔 티토가 이끄는 사회주의 유고 연방 하에서 6개 구성 공화국 중 하나인 '보스니아공화국'으로 등장하였다. 티토는 다(多)민족, 다(多)문화, 다(多)종교로 이루어진 유고 연방의 존속과 발전을 위해 보스니아 무슬림과 정교도 세르비아인, 가톨릭 크로아티아인이 서로 혼재해 있던 보스니아를 새로운 국가 모델로 제시하고자 했다. 이를 위해 티토는 각 민족 간 혼혈정책을 장려하는 등 새로운 민족으로 남슬라브족을 상징하는 '유고슬라비아인'을 형성케 하였으며, 이를 통해 각 민족에 대한 충성보다는 국가에 대한 충성을 요구하는 '유고슬라비즘(Yugoslavism/ Jugoslavizam)'을 창출하고자 노력했다.

하지만 1980년 5월 티토 사망과 1991년 유고 연방 붕괴는 유고 내전으로 이어졌다. 1991년 6월 슬로베니아와 크로아티아가 독립을 선언했고, 이어 국제사회 요구에 따라 3개월간의 유예 기간이 진행되었지만, 연이은 회담들은 실패하였고 9월에 내전이 시작되었다. 특히 이웃한 크로아티아에서의 내전은 세르비아가 주도하던 연방에서 독립하려던 보스니아 내 크로아티아인들과 무슬림들의 욕구를 자극했다. 이들을 중심으로 1992년 3월 보스니아는 마침내 독립을 선언하였다. 하지만 독립 선언은 3년 8개월에 걸친 보스니아 내전으로 이어졌다. EU와 UN 등 국제사회는 여러 차례 다양한 평화안들을 제시했으나 불발되었고, 마침내 현실주의적 힘(Power)을 바탕으로 개입한 미국에 의해 1995년 10월 '데이튼 평화협정'이 발효된다.

보스니아 시골 마을의 한 집에 아직도 걸려있는 티토의 사진.

4. 보스니아에선 민족 갈등과 분쟁이 왜 자주 일어날까?

1980년 5월 티토가 사망한 후 1989년 베를린 장벽 붕괴 전까지 10여 년 동안 유고 지역의 각 민족들은 자신들의 종교와 언어 등 문화적 요소에 기초한 '문화적 민족주의'에 심취하였다. 이 시기 유고는 누적된 경제 위기와 어려움 그리고 각 민족들의 민족주의 운동으로 큰 어려움에 처해 있었다. 사회주의 유고 연방을 지탱시켜 준 '티토이즘(Titoism/ Titoizam)'의 각 축들은 이 시기 거의 붕괴 상태에 처해 있었다. 중요한 티토이즘의 한 축인 '외교 정책'으로의 '비동맹주의(Policy of Non-alignment)'는 비동맹 운동의 아버지로 불리던 티토의 죽음을 전후로 1980년대에 들어와 국제사회에서 큰 힘을 발휘하지 못하고 있었다. 1960년대와 1970년대 유고 경제를 급속도로 성장시키는 데 일조하였던 '사회, 경제 정책'인 '자주관리제도(Policy of Self-management)' 또한 노동자들과 각 집단들의 이기주의로 여러 문제점이 노출되면서 1980년대에 들어와 그 한계에 도달하고 있었다. 더불어 종교, 문화적으로 복잡하게 얽혀 있는 유고 지역 민족들을 한데 결집시켜 왔던 '민족 정책'인 '유고슬라비즘(Yugoslavism)' 또한 파르티잔(Partisan)

세대들의 퇴각과 함께 각 민족 집단들의 이익에 기초한 '문화적 민족주의' 대두로 무너지고 있었다. 이러한 불안정성은 다양한 민족과 문화, 종교가 복잡하게 구성된 보스니아에서 보다 심각한 위기로 다가왔다.

과거에도 그랬지만 현재에도 보스니아는 다른 어떤 지역들보다 민족과 국가를 동일시하는 '민족-국가(Nation-State)' 의식이 매우 희박하다고 할 수 있다. 오히려 '민족'과 '국가'는 언제든지 분리가 가능하며, 국가란 단지 각 민족들 간 중간자적 조직에 불과하다는 인식이 매우 높은 지역이다. 따라서 국가 권력의 중앙 집중보다는 각 민족 집단이 일정 정도의 권한을 유지한 채 필요에 따라 느슨한 단합을 이루어 가는 국가 형태를 선호했던 게 사실이다. 과거 역사에서도 이러한 의식을 확인할 수 있으며 내전을 종결 짓고 수립된 데이튼 평화협정에 따른 오늘날 정치 형태 또한 이를 답습하고 있다. 오랜 역사 속에서 보스니아 내 각 민족들은 언어, 종교, 관습, 역사의식 공유 등 문화적 요소를 바탕으로 '우리(We)'와 '그들(They)' 간 민족을 서로 구분해 왔다. 따라서 각 민족 집단 간 갈등과 충돌이 항상 끊이지 않아 왔으며, 다수 민족의 소수 민족에 대한 민족 탄압이 빈번하게 발생했다. 사회주의 체제와 그 이념의 몰락을 의미했던 1989년 베를린 장벽

붕괴는 오랫동안 잠재되어 왔던 보스니아 각 민족들의 민족 감정을 부추기는 데 일조하였다. 이것이 곧 이 지역의 기나 긴 내전과 분쟁으로 이어지는 중요 배경이다.

5. 유고 내전의 불씨가 보스니아 내전으로

티토와 그를 따르던 파르티잔 세대는 제2차 세계대전 동안 소련에 의해 강제로 적화된 다른 동유럽 국가들과 달리 스스로 독일군을 몰아내며 독자 공산화에 성공했다는 자부심이 있었다. 이것은 티토의 카리스마와 함께 종교, 민족보다는 사회주의 이념을 기초로 복잡한 유고 지역의 각 민족들을 하나로 통합시키는 데 기여하였다. 티토는 그의 사후를 대비하고 각 민족 간 갈등을 최소화하기 위해 1974년 신헌법을 통해 '집단 대통령제'를 도입하였다. 이에 따라 각 6개 공화국과 세르비아 내 자치주(보이보디나, 코소보)에서 각각 1명씩, 총 8명의 대표들이 모여 주요 정책 사항들을 결정하게 된다.

하지만 티토 사망 10여 년이 지난 1990년 1월 각 공화국 간 의견 차이로 제14차 임시 전당대회가 중단되고, 이어 공산당 기능 또한 정지되었다. 이후 연방을 구성하던 6개 공화국 모두 전후 최초의 다당제 선거가 실시되어 각 공화국마다 공산당이 패하고 민족주의 정당들이 주요 정당으로 등장하였다. 체제 전환의 혼란 속에 과거의 공산당원들과 노멘클라투라(Nomenklatura/New Class, 신계급) 계층들은 유고 지역의 상당수 공화국에서 민족주의자와 민족주의 정치가로 변신하는 데 성공하였다. 슬로베니아는 이들 공화국 중 동유럽 개혁 이후 정치적 민주화와 시장경제 체제를 가장 먼저 받아들인 공화국이었다. 1990년 12월 국민투표에서 연방 탈퇴와 국가주권 달성을 공약으로 내건 슬로베니아 민주야당(DEMOS)의 밀란 쿠찬(Milan Kučan)을 대통령으로 선출했다. 이웃한 크로아티아에서는 1990년 4월 선거에서 민족주의 정당인 크로아티아 민주연합(HDZ)과 프란요 투쥬만(Franjo Tudjman) 대통령이 당선된다. 슬로베니아에 이어 크로아티아 또한 세르비아가 주도하던 유고 연방에서 분리할 수 있는 권리를 명기한 신헌법을 통과시켰다. 이것은 연방을 계속 유지하려던 세르비아와의 갈등을 크게 부각시키는 결과로 이어졌다.

종교, 문화적으로 혼재된 보스니아의 경우 정치적 정당들은 각 종교적 계파를 기반으로 등장하였다. 실제 1990년 2월 공산당 독점 방지 법안을 통과시킨 보스니아 의회는 1990년 11월 다당제 선거에서 종교를 기반으로 한 민족 정당들이 전체 의석(240석) 중 86%를 차지하게 되었다. 우선 알리야 이제트베고비치(Alija Izetbegović)가 이끄는 무슬림 민주 실천당(SDA)이 86석을, 라도반 카라쥐치(Radovan Karadžić, 훗날 보스니아 내전 당시 세르비아계 대통령)가 이끄는 세르비아 민주당(SDS)이 72석을, 그리고 스트예판 클류이치(Stjepan Kljuić)가 이끄는 크로아티아 민주연합(HDZ)이 44석을 차지했다.

크로아티아와 보스니아의 독립 문제가 가속화되자 이 지역 내 세르비아 소수 민족들은 두려움에 떨었다. 세르비아 소수 민족들은 제2차 세계대전 당시 독일 히틀러의 지원을 받아 독립 국가(크로아티아와 보스니아 영토를 기반)를 이룬 크로아티아의 극우 민족주의 단체인 우스타샤(Ustaša) 정권이 가톨릭 종교 개종이라는 미명 하에 유대인과 집시를 포함해 70여 만 명의 세르비아인을 학살했던 역사적 비극을 잊지 않고 있었다. 따라서 이들 국가들의 독립 움직임은 지역 내 세르비아인들에게 큰 불안감으로 다가오게 된다. 크로아티아가 연방 탈퇴를 가시화하자 크로아티아 내 세르비아 소수 민족은 1990년 9월 크닌(Knin)을 수도로 한 '크라이나 세르비아 자치구(이후 '크닌공화국'으로 변경)'를 선언했다. 이웃한 보스니아 내 세르비아계 또한 무슬림이 다수 민족으로서 자신들을 다시 억압하는 것을 용납하기 어려웠다. 이 지역의 세르비아계들은 15세기부터 19세기 말까지 400여 년간 자기들을 억압하고 착취했던 보스니아 무슬림들의 탄압 역사를 통해 수시로 되새겼고 이를 잊지 않고 있었다. 따라서 이들 무슬림계가 크로아티아계와 연합하여 보스니아의 독립 국가를 추진하는 것을 강력 반대하였다.

독립 추진 초기만 해도 슬로베니아와 크로아티아, 보스니아공화국은 세르비아가 당과 군을 주도하고 있던 유고 연방을 당시 EC처럼 느슨한 연합체로 할 것을 제안했다. 하지만 세르비아공화국은 이를 거부하였다. 긴장 해결을 위한 회담이 수차례나 실패로 돌아갔고 윤번제로 돌아오는 '집단대통령' 의장 선출마저도 무산되었다. 당시 세르비아공화국은 의장 대통령으로 선출될 예정이던 크로아티아공화국 대표인 스트예판 메시치(Stjepan Mesić)가 1970년대 자그레브 봉기 당시 유고 연방 분리주의 움직임을 주도했다는 이유를 들어 그에게 가야 할 의장직을 거부하였다. 이것은 유고 연방을 유지해 왔던 큰 축인 '집단대통령' 기구가 유명무실해졌음을 의미했다. 더불어 유고 연방의 최후의 보루이자 다(多)민족 결합체인 '유고 연방군(JNA)' 또한 와해됨으로써 연방은 분열 위기에 직면하게 된다.

1991년 6월 25일, 슬로베니아와 크로아티아공화국이 전격 독립을 선언하자 세르비아 주도의 연방군은 슬로베니아로 진격해 들어와 양측 간 내전이 발생하였다. 곧바로 유럽의 평화는 스스로가 지킨다는 신념 아래 EC(오늘날 EU)가 개입하였고 내전은 3개월 휴전 협정으로 이어졌다. 하지만 그해 8월 크로아티아로 세르비아군이 진입함으로써 유고 내전이 촉발된다. 이어 세르비아계에 의한 인종 학살이 확대되면서 UN평화유지군(UNPROFOR: UN Protection Force)이 급하게 현지로 파견되어야만 했다. 하지만 UN군이 통제권 장악에 실패했음이 곧 드러나게 된다. 그 배경에는 우선 평화유지군의 초기 투입 목적이 유고 민족 분쟁 지역에 단순 구호품 공급과 지원에 국한된 전략적 착오에서 기인했다는 점을 들 수 있다. 더불어 시간이 지나면서 분쟁이 확대되고 이에 따라 점차 그 관할권이 늘어나게 되자 이는 곧 인원과 통제력 부족으로 이어졌다. 특히 서구 각국들의 외교적 이해다툼과 맞물리며 UN의 권위가 크게 실추되는 결과로 이어졌다.

1992년 1월 22일 전열을 정비한 크로아티아군이 영토 주권과 독립 전쟁을 내세우며 60여만 명의 세르비아인이 거주하던 크라이나 지역으로 쳐들어 왔고, 곧이어 이웃한 세르비아공화국과 몬테네그로공화국에도 전쟁 동원령이 발효되었다. 20세기 초에 이어 제3차 발칸 전쟁 양상으로 들어가게 된 것이다. 크로아티아'군의 공격은 이제는 반대로 세르비아인들의 대량 탈출을 낳았고, 남아 있던 세르비아 주민들에 대한 광범위한 인권 침해 또한 뒤따르게 된다. 연방 분리가 구체화되자 1992년 4월 27일, 세르비아는 몬테네그로공화국과 두 개의 자치주(보이보디나, 코소보)를 근간으로 한 새로운 '유고 연방(이후 '신유고연방'으로 통칭함)'을 형성하였다.

보스니아는 유고 내전의 여파가 미칠 것을 우려해 초기에 중립을 선언했다. 하지만 지리적 위치와 민족 구성상 곧 이어 민족 분쟁의 한가운데로 휩쓸려야만 했다. 유고 내전을 지켜본 보스니아 내 크로아티아계와 무슬림은 연방 미탈퇴 시 닥쳐올 세르비아의 탄압 가중을 크게 우려하였다. 반면, 과거 2차 대전 당시의 비극을 잊지 못하던 보스니아 내 세르비아계 사이엔 보스니아가 독립 후 크로아티아로 편입될 것이라는 근거 없는 소문이 확산되고 있었다. 이것은 세르비아계에게 2차 대전 당시의 학살이 재현될 수도 있다는 불안감을 증폭시키는 계기가 된다.

1992년 3월 독립 선언과 함께 마침내 보스니아에서도 민족 분쟁이 발생하였다. 크로아티아 내전이 계속된 휴전 협정과 파기로 혼란을 거듭할 즈음이었다. 1992년 3월 보스니아 무슬림과

보스니아 내전 당시 세르비아계의 사라예보 포위 때
시민들에게 공항에서부터 식수를 공급해 준 지하 통로 입구.

세계의 분쟁

크로아티아계 등은 세르비아계와의 합의 없이 독립 국민투표를 일방적으로 단행하였고, EC와 미국은 곧바로 독립을 승인해 주었다. 하지만 국제사회의 성급한 결정은 곧바로 보스니아에서의 기나긴 내전으로 이어지는 동인을 제공하게 된다. 승인 다음 날 세르비아군은 보스니아 남서부에 미사일 공격을 감행했고, 이어 사라예보에서 독립 지지 세력과 반대 세력 간에 유혈 충돌이 발생하였다. 보스니아는 독립 선언 이후 서구의 보호와 지원을 굳게 믿었지만 세르비아는 당시 서구의 조치들을 단순한 '제스처 외교'로서만 인식하고 있었다.

내전 확대 속에 세르비아계의 인종 청소와 학살이 대규모로 자행되자 UN 안보리는 보스니아 등 유고 지역으로의 UN군 파견을 결의하였다. UN은 보스니아 내전 해결책으로 보스니아를 크게 각 민족별로 3개씩 그리고 사라예보 중심의 중립지대 1개 등 모두 10개의 자치주로 분할하는 내용을 담은 보스니아 국제 평화안(밴스-오웬 안)을 제시하였다. 하지만 당시 보스니아 영토의 70%를 차지하고 있던 세르비아계는 이 안을 거부했다. 계속된 혼란과 내전 확대 속에 1995년 5월 미국이 보스니아 내전 해결에 참여하였고, 곧이어 세르비아공화국과 보스니아 내 세르비아계에 대한 경제 봉쇄와 함께 대규모 군사 공격이 단행되었다.

결과적으로 미국 주도 하에 유고 지역을 대표하는 각 민족 대표들이 모여 평화회담을 진행하였고, 10월 '데이튼 평화협정' 체결과 함께 보스니아 내전이 종결되고 평화가 찾아온다.

6. '데이튼 평화협정' 수립 과정

보스니아 내전 동안 '벤스-오웬안'을 비롯해 보스니아 민족분쟁을 해결하고자 한 국제사회의 평화 노력들은 별다른 결실을 보지 못했다. EC는 물론 UN의 노력이 결실을 못 거두자 1995년 5월 보스니아 문제는 UN의 요청 속에 국제사회 경찰국가를 자처하던 미국의 손에 넘어간다. 미국이 보스니아 내전에 개입한 배경에는 자국의 대내외적 고민과 전략이 자리한다. 1995년 미클린턴 대통령은 11월 재선거를 앞두고 있었는데, 대내적으로는 경제적 성과를 거두었지만 대외적으로는 초강대국으로서의 입지를 보여 줄 별다른 결실을 거두지 못하고 있었다. 클린턴 행정부는 미국이 진정한 국제사회 경찰국가로서 위상 확립과 함께 국제분쟁 해결 능력을 보여줘야 할 필요성에 직면해 있었다. 이것은 또한 국제 역학적으로 러시아 영향력이 강했던 발칸 유럽에 대한 영향력 확보에도 긍정적인 효과를 가져올 것이라는 대외적인 전략 계산 또한 함께하였다.

보스니아 내전 문제를 해결하려던 미국은 우선 전선의 경계를 분명히 할 필요성이 있었다. 누가 분쟁의 가해자이고 희생자인지를 가리는 데 가장 중요한 원칙은 복잡한 분쟁 구도를 선명히 하는 것이었다. 결과적으로 미국은 내전 확대의 주요 원인을 대(大)세르비아주의에 기초한 영토 확대에 초점을 맞췄다. 그 배경에는 당시 세르비아로부터 비밀리에 전달받은 군수물자를 통해 전력상 우위를 점하고 있던 보스니아 내 세르비아 민병대가 타민족에 대한 인종 청소와 공격에 좀 더 적극적이었다는 이유가 자리하고 있었다. 더불어 보스니아 무슬림에 대한 우호 전략을 통해 안정된 원유 공급선 구축과 함께 중동 지역의 대미 반감 억제에도 초점을 맞추었다 할 것이다. 미국이 세르비아를 주적으로 삼게 된 배경은 무엇보다 크로아티아가 전통적으로 독일, 오스트리아 등 서방 국가들과의 밀접한 유대 관계를 지녔던 데 반해, 세르비아는 역사적으로 그리고 당시 정치적으로 친 러시아적 성향을 분명히 드러내고 있었기 때문이라 할 수 있다. 즉 세르비아의 세력 약화를 통해 미국은 발칸 유럽에서 러시아의 전통적 영향력 약화를 모색한다는 전략적 계산을 마쳤던 것으로 보인다.

이를 토대로 미국은 보스니아 내 세르비아계를 집중 공격하면서 세르비아공화국에 대한 경제적 금수 조치를 강력하게 시행하고 압박을 가하였다. 미국은 보스니아 분쟁 해결 과정에서 복잡하게 얽힌 민족 간 이주의 불가피성을 언급했고 이를 기초로 대규모 민족 이동을 전제로 한 '데이튼 평화협정'이 수립된다. 1995년 초 보스니아 분쟁 해결을 위한 유럽 주요 국가들과의 모임에서 미국은 자신이 계획한 평화안 내용을 제시하였다. 그 내용은 영토 분배에서 당시 세르비아계가 장악한 70%의 영토를 49%로 줄이고, 보스니아 무슬림과 크로아티아계를 서로 연합시켜 51%의 영토를 확보해 준다는 계획이었다.

하지만 미국이 주도한 평화안은 보스니아 내 세르비아계의 거센 반발을 불러왔다. 세르비아계는 평화안이 구체화되기 전에 보스니아 전 지역을 탈환하고자 했다. 따라서 더욱더 강력하게 영토 확장을 추진해 나갔고 그 과정에서 수많은 인종 청소와 인권 유린이 자행된다. 이것은 곧 바로 NATO군을 기초로 한 미군의 직접적인 참여를 불러왔다. 미국은 보스니아 세르비아계에 대한 대규모 군사 공격과 함께 세르비아공화국에 대한 정치, 경제적 압력을 동시에 추진해 나갔다. 과거 UN 등 국제사회가 제시한 여러 평화안들이 설득과 협상에 기초한 '이상주의적 전략' 접근이었다면, 미국은 철저히 강력한 군사력과 힘(power)의 우위에 기초한 '현실주의적 전략' 접근 방식을 구사하였다. 미국이 초강대국으로 자리한 슈퍼 파워(Super Power) 시스템 하에서 클린턴 행정부는 '현실주의적 전략' 접근 방법에 기초해 미국의 힘을 바탕으로 국제사회 주요 분쟁들을 해결해 나가겠다는 의지를 보이고 있었다. 보스니아는 이를 보여주기 위한 주요 대상 중 하나였다. 실제로 이러한 미국 전략은 보스니아 내전을 과거와는 전혀 다른 양상으로 바꾸어 놓았으며 보스니아 평화 정착에 일련의 효과를 발휘하게 된다.

1995년 9월 26일 보스니아 평화 타결을 위한 '뉴욕회담'이 미국 주도 아래 뉴욕 UN 본부에서 열렸다. 이 회담에는 당시 보스니아를 비롯해 이 지역 민족 분쟁과 깊은 관련이 있는 주변의 크로아티아와 신유고연방의 3국 외무장관이 참석하였으며, 이 자리에서 국제사회의 보스니아 독립 인정과 단일 국가 존속에 합의하였다. 곧이어 보스니아공화국 내에 보스니아 내 무슬림과 크로아티아계가 연합한 '보스니아-헤르체고비나 연방'과 세르비아계가 주축이 된 '스르프스카공화국' 등 2개의 정치적 실체를 인정하는 민주선거 실시에 관해서도 합의가 이루어졌다. 이후 동년 10월 12일 보스니아 내 각 민족 계파들이 이 안에 합의함으로써 오랜 내전에 시달리던 보스니아는 평화 상태에 돌입할 수 있게 되었다.

1995년 11월 1일 내전 당사국인 보스니아를 비롯해 세르비아와 크로아티아 정상들 그리고 미국 외에도 영국, 프랑스, 독일, 러시아 대표 등 소위 '관계그룹(Contact Group)'의 참석 속에 평화협정 합의가 도출되었다. 미국 오하이오주 데이튼 소재 라이트 피터(Light Peter) 공군기지에서 합의된 내용 중에는 세르비아계가 장악중이던 '동(東)슬라보니아 지역의 세르비아 소수 민족 지위 협정'이 주요 안건으로 떠올랐다. 당시 이 지역에는 역사적으로 중세 14세기 이후 오스만 터키의 침입을 피해 피신한 세르비아인들의 후손들 60여만 명이 거주하고 있었다. 약속 합의 속에 1995년 11월 12일 세르비아계는 이 지역을 크로아티아에 귀속한다는 협정에 서명하게 된다. 이어 11월 2일부터 이어진 보스니아 평화협정은 '데이튼 평화협정'으로 11월 21일 가조인됐고, 12월 14일 파리에서 정식으로 조인되었다. 평화안에 따라 보스니아는 두 개의 체제가 각각 정치, 사법, 행정 체제를 갖춘 하나의 국가, 즉 '1국가 2체제(One State Two Systems)'라는 새로운 국가 형태가 등장하게 된다.

7. 평화 구축의 중요 틀, 데이튼 평화협정

보스니아 내전을 종결시킨 '데이튼 평화협정'은 통상 '보스니아-헤르체고비나 평화를 위한 일반 기본틀 협약(GFAP: General Framework Agreement for Peace in Bosnia and Herzegovina)' 또는 '파리 의정서(Paris Protocol)'로 불린다.

데이튼 평화협정은 총 포괄문서 1개와 11개 항목, 102개의 부칙으로 구성되었다. 이것을 각 특징별로 나누면 다음과 같다. 첫째, 군사-안보 분야에서 NATO가 이끄는 보스니아 평화 이행군(IFOR)은 보스니아 내 대치 세력들의 분리를 위한 비무장 지역을 설치하며, 평화 이행군은 협정 이행을 위한 공권력을 사용할 수 있다. 둘째, 영토 문제에서 단일 보스니아공화국 안에는 2개의 체제, 즉 '보스니아-헤르체고비나 연방'(보스니아 무슬림과 크로아티아계)과 '스르프스카공화국'(세르비아계)으로 구성한다. 통합 수도는 사라예보이며, 고라쥐데(Goražde)를 비롯한 주요 무슬림 도시들은 회랑지대(a land corridor)를 통해 사라예보와 연결된다. 보스니아 북부의 브르츠코(Brčko)와 주변 회랑지대 조정문제는 1년 후 배심원 중재에 따라 결정한다. 셋째, '헌법 구조'에서 중앙정부는 외교, 시민권, 이민 등에 책임을 지며, 정치적으로는 보스니아 무슬림, 크로아티아계 그리고 세르비아계 등 세 명의 민족 계파 대통령을 두고 그 의장직 순서는 선거 득표에 따라 8개월씩 교대로 한다. 국회는 양원제로 구성하며 헌법 재판소와 중앙은행을 설치한다. 넷째, '시민 양성'에서 국제 감독 아래 선거를 1996년부터 실시하고, UN 원조 하에 경찰임무를 수행할 요원들을 훈련하고 양성한다. 비군사분야 활동과 구성은 EU 대표단과 보스니아 내 각 체제들 간 협의를 통해 조정한다. 다섯째, '인권, 피난처, 전쟁 범죄에 관한 문제'로 각 민족들은 이동의 자유를 보장하고 난민들은 고향으로 돌아갈 수 있다. 전범들은 정치 활동에 참여할 수 없으며, 중앙정부와 각 체제 정부는 전범 기소와 체포에 협조해야 한다.

데이튼 평화협정에 따라 보스니아는 평화 정착 4단계 계획 중, 제1단계인 정전 준수, 제2단계인 내전 무장 세력 격리, 제3단계인 보스니아 총선거를 통한 1국가 2체제 수립을 무사히 마친 단계다. 현재는 마지막 단계인 '통합된 다민족 보스니아 국가 수립'을 남겨 둔 상황이다.

8. 보스니아 내전이 남긴 국제사적 의미

3년 8개월에 걸친 보스니아 내전은 연방 해체는 물론 10만여 명의 인명피해와 엄청난 재산 손실을 가져왔다. 또한 NATO군 최초의 역외 활동을 불러왔으며, 이것은 이후 발생한 여러 국제 분쟁들에서 NATO군 동원의 주요 모델을 제공하게 된다. 또한 UN 설립 역사상 가장 대규모의 UN 평화유지군 출동이라는 기록도 낳았다.

무엇보다도 보스니아 내전은 국제 역학구도에 커다란 시험과 변화를 요구했다고 할 수 있다. 보스니아 내전은 이후 코소보 전쟁(1999)과 마케도니아 내전(2001) 등 민족과 종교적으로 복잡한 발칸의 다른 지역들로도 그 여파를 확산시켰다. 이뿐만 아니라 내전 당시 해결을 못하고 미국에게 그 책임을 떠넘김에 따라 UN 의 권위가 추락하는 계기가 되었으며, 무엇보다도 이후로도 강대국들 간 틈바구니 속에서 국제사회 문제에 별다른 대응을 하지 못하는 등 21세기에 들어와 UN의 신뢰와 기초를 위태롭게 하는 출발점이 되어야 했다. 특히 내전에 대한 EU 각 국가들의 대응이 상이하게 나타난 점은 유럽 내 다른 민족 분쟁들이 발생시 혹은 주요 갈등 재발시 EU가 진정한 해결사로서 역할을 제대

국제사회의 잘못된 평화안에 따라 1993년 보스니아 무슬림과 함께 하던
크로아티아계가 무슬림 공격 후 파괴해 버린 모스타르 다리 유적.

로 수행할 수 있을지에 대한 일련의 회의감을 불러일으켰다. 이와 함께 보스니아 내전은 유럽의 중요한 한 축인 발칸 유럽 지역을 둘러싼 국제 열강들의 역학구도의 변화를 불러왔다. 보스니아 내전 해결사로서 그 역할을 성공리에 수행한 미국은 이를 계기로 마케도니아와 코소보, 알바니아, 루마니아 등으로 발칸 지역에 대한 영향력을 보다 확대할 수 있었다. 반면 오랫동안 발칸 지역에 전통적인 영향력을 발휘해 왔고 이를 계속 유지하고자 했던 러시아로서는 보스니아 내전을 계기로 발칸에 대한 자신의 대외 전략을 크게 수정해야만 했다.

다양한 민족들의 조화로움 그리고 종교와 문화의 모자이크로 상징되던 보스니아는 오늘날 여러 사회 통합 노력들을 통해 과거의 민족 분쟁과 내전의 아픔을 거두어 내고자 노력하고 있다. 무엇보다도 민족 간 갈등과 불신을 해소하기 위한 여러 지원 정책들을 바탕으로 최종 목표인 EU 가입을 위한 여러 결실들을 조금씩 거두어 나가는 중이다. 지금 우리는 보스니아 내 여러 민족들이 과거의 아픔을 이겨내고 미래의 평화를 이룩해 나갈 수 있을지, 그리고 그 평화 구축을 위해 UN, EU 등 국제기구 및 국제 사회가 진심어린 마음으로 보스니아의 평화와 발전을 도와줄 수 있을지 관심 있게 지켜봐야 할 것이다.

아일랜드섬 평화협정 20년

: 아일랜드섬이 한반도에 주는 교훈은 무엇일까?

구갑우

1. 아일랜드섬과 한반도

조선은 '일본의 아일랜드'. 이 비유의 연원은 일본인 식민학자 야나이하라 타다오(矢內原忠雄)다. 일본의 식민지 조선과 영국의 식민지 아일랜드를 비교한 언명이다. 식민지 아일랜드에서 전개된 자치운동과 그 운동의 성과인 1992년 아일랜드자유국(Irish Free State)의 형성은, 일본과 조선에서 '자치'를 식민통치의 한 대안으로 생각하게 한 계기였다. 야나이하라는 영국-아일랜드관계를 보면서 조선인의 참정권과 조선의 자치론을 설파한 식민정책학자였다. 조선과 아일랜드의 유사성이라는 문제 설정은, '한반도(Korean peninsula)'와 '아일랜드섬(island of Ireland)'의 지리적 거리에도 불구하고, 두 지역에서 나타나는 몇 가지 공통의 특성을 추출하게 한다.

한반도는 일본의, 아일랜드섬은 영국의 식민지였다. 대륙의 변두리에 위치한 한반도와 아일랜드섬의 식민지 경험은 두 지역에서 '한(恨, bitterness)'이라 부를 수 있는 민족적 정서를 가지게 한 요인일 수 있다. 물론 두 지역의 식민 역사의 경험은 다르다. 아일랜드섬은 한반도보다 오랜 식민 경험을 가졌고, 그 결과 아일랜드섬, 특히 북부인 북아일랜드에는 영국계 아일랜드인이 거주하게 되었고, 이 아일랜드인은 1992년 아일랜드자유국의 설립에 반대하기도 했다. 일본은 식민지 조선을 영국의 스코틀랜드처럼 병합할 것인가, 아니면 아일랜드처럼 자치와 독립을 부여할 것인가를 고민하기도 했다.

한반도와 아일랜드섬은 식민지 이후 '분단'되었다는 점에서 비슷하다. 한반도에는 1948년 대한민국과 조선민주주의인민공화국이 수립된 이후, 아일랜드섬에서는 남부가 아일랜드자유국이 되었을 때부터 두 개의 국가로 나누어진 분단이 시작되었다. 아일랜드섬의 남부가 1949년 영국연방을 탈퇴하고 '아일랜드공화국(Republic of Ireland)'으로 독립한 이후에는, 아일랜드공화국과 영국(United Kingdom of Great Britain and Northern Ireland)의 홈네이션(home nations) 가운데 하나인 북아일랜드(Ulster)의 분단이 고착화되었다.

2. 탈식민적 사회적 장벽과 갈등의 전환

탈식민주의(post-colonialism)는, 식민현상의 역사와 유산을 피식민인의 시각에서 분석하고 비판하는 담론과 이론 그리고 실천을 포괄하는 개념이다. 탈식민주의는 비영토적 제국주의적 패권의 유지 및 제국주의와 식민주의의 역사를 비판하면서, 동시에 운동적 개입 및 새로운 정치적 정체성을 추구한다는 점에서, 신식민주의(neo-colonialism)와 차이가 있다. 신식민주와의 또 다른 차이는 세계체제 또는 국제체제로부터의 단절이 아니라 초국적 사회정의를 추구한다는 점이다. 달리 표현한다면, 탈식민주의는 제국주의 대 민족주의와 같은 힘의 정치를 야기하는 이항대립을 넘어서려 한다.

탈식민주의적 시각에서 볼 때, 한반도와 아일랜드섬의 사회적 장벽과 분단은 전형적인 식민적 유산이다. 독일의 경우는 다르지만 남북한을 포함하여 베트남이나 예멘 그리고 아일랜드섬 등은 식민지의 결과로 분단을 경험했다는 공통점을 갖고 있다. 이들 분단국가들은 식민지시대 이전에는 하나의 국가를 유지하였으나 식민지 경험 이후 원래의 국가로 회귀되지 못하고 두 개의 독립적 국가로 나뉜 것이라고 할 수 있다. 또한 분단으로 성립된

두 개의 국가는 서로 다른 이념과 전략으로 독자적 발전을 추구하고 하나의 국가를 지향하는 과정에서, 심각한 갈등을 겪게 되는데 이 중심에 식민적 유산인 '사회적 장벽(social partition)'이 존재한다.

사회적 장벽은, 과거 행정적으로 하나의 단일한 실체였지만 탈식민시대에 들어서면서 두 개 또는 그 이상의 새로운 국가들로 분할되고 새로운 개체 가운데 적어도 하나가 이전의 국가와의 직접적인 연계를 주장하면서 형성된다. 그 연계는 분리된 행정 단위의 영토에 대한 독점적인 합법적 계승자임을 그 영토에 대해 헌법적 지위를 표현하는 것으로 나타나기도 한다. 따라서 사회적 장벽은 민족적 정체성이 작동하는 공간적 범위의 문제를 야기하게 된다. 민족적 정체성은 통일을 가정하고 분단된 국가들 모두에 적용될 수도 있고, 또는 특정 분단국가 내부에서만 작동할 수도 있다. 정상적 국민국가와 달리, 민족주의가 사회적 장벽을 야기한 외부적 요인인 제국주의 국가에 대한 저항을 담은 진보적 이념으로 기능하면서 정치사회 세력을 호명하곤 하는 이유도 사회적 장벽으로 설명할 수 있다.

아일랜드섬의 탈식민적 분단에 담겨 있는, '이후'와 '넘어서'의 긴장은, 탈식민적 분단의 극복을 통일이 아닌 '탈분단'으로 개념

화할 수 있게 한다. 탈분단은, 상대를 타자화 또는 도구화하는 태도를 비판하고 또한 폐쇄적 민족주의에 기초한 통일을 반대하면서도 분단의 부정적 효과를 극복하자는 담론이다. 즉 탈분단의 담론은 사회적 장벽이 야기하는 갈등의 전환을 위해 민족주의에 의존하지 않으려 한다. 우리와 그들의 이항대립을 생산하는 민족주의로는 그들을 배제할 가능성이 높기 때문이다. 즉, 탈분단은 갈등 행위자들의 공존을 추구하는 평화 과정이다. 갈등에 대한 전환적 접근은, 탈분단의 평화 과정을 위한 유용한 방법론을 제공한다.

갈등에 대한 전환적 접근은, 갈등의 해소를 고민하면서 동시에 갈등을 지속가능한(sustainable) 평화를 위한 소망스러운 조건으로 전환하기 위해 근본 원인을 이해하고 개념화하려 한다. 갈등의 전환(transformation)을 위해서는, 갈등의 해소와 사회적 변화 모두 필요하다. 즉 전환적 접근은, 소망스럽지 않은 갈등을 어떻게 종결시킬 것인가, 라는 질문과 함께 소망스러운 어떤 것을 어떻게 만들 것인가, 라는 질문을 던진다. 갈등 당사자 한편의 배제를 통해 갈등을 해결하려 하지 않기 때문에, 전환적 접근에서는, 무장 갈등의 당사자까지를 포함해서 모든 갈등의 당사자를 협상의 테이블에 불러 모으려 한다. 전환적 접근은, 규범을 지키지 않는 행위자를 배제하기보다는 포함하는 갈등 조정의 과정으로, 갈등의 종결이 아니라 갈등을 야기하는 구조의 장기 변화, 즉 공동의 미래를 추구하는 '도덕적 상상력(moral imagination)'에 기초한다. 도덕적 상상력은, 갈등 당사자가 또 다른 갈등 당사자와 함께 하면서 공동의 미래를 설계할 수 있는 능력이다.

또 다른 전환적 접근으로 평화연구자 갈퉁(J. Galtung)과 그의 동료들에 의해 제시된 모형이 있다. 이들은 갈등의 전환을 위해, '갈등의 삼각형 ABC'를 도입한다. A(Attitude, 태도)는 타자를 어떻게 인식하는가와 관련된다. 타자에 대한 비난과 공포 등이 태도의 영역에 속한다. B(Behaviour, 행위)는 갈등 속에서 어떤 행위를 하고 있는가이다. 힘을 통한 문제 해결이 대표적 사례다. C(Contradiction, 모순)는 갈등의 원인을 찾는 작업이다. 일반적으로 진보 세력은 태도에 주목하면서 갈등의 해결 방식으로, 계몽이나 합리성 등을 강조한다. 보수 세력은 행위에 주목하면서 법과 같은 제도적 장치를 통해 갈등을 해결하려 한다. 마르크스주의자들은 일반적으로 구조에 주목하면서, 억압과 착취의 구조를 전환하려 한다. 반면, 전환적 접근은 태도·행위·모순의 ABC 모두를 고려하면서, 평화적 수단에 의한 평화의 기본공식(basic formula)으로, A(태도)에서는 '공감(empathy)'을, B(행위)에서는 '비폭력(non-violence)'을, C(모순)에서는 '창조성(creativity)'을 제시한다. 도덕적 상상력이 제시하는 것처럼, 이 접근에서도 공동의 미래에 대한 창조적인 설계가 갈등의 전환 과정에서 핵심적 역할을 수행하게 된다.

3. 탈식민적 분단의 기원

한반도와 아일랜드섬을 식민지로 만든 일본과 영국의 정책 결정자 및 지식인 그리고 그 식민에 반대하는 일부 저항세력들은, 각기 다른 이유로, 독립이 아니라 '자치'와 식민을 넘어서는 하나의 대안으로 설정한 바 있다. 독립의 과정을 정치경제적 근대화로 생각했던 일부 세력들은, 근대화 과정에서 제국주의 국가를 모방하는 것이 불가피하다고 생각했다. 근대화의 주체로 식민권력을 인정한다는 점에서 자유주의의 제국주의화 경향에 대한 동의였다고 할 수 있다. 그러나 자치운동에 대한 평가는 한반도와 아일랜드섬에서 다르게 나타났다.

아일랜드섬에서는 러시아혁명 이전인 18세기부터 민족주의 세력이 등장했고, 온건파 민족주의자들과 영국의 자유당은 아일랜드섬의 자치에 긍정적이었다. 북아일랜드의 친영국적 합병주의자들(unionist)은 자치에 반대했고 무력으로 저항하기도 했다. 1919년부터 아일랜드와 영국은 전쟁을 시작했고, 1920년 영국의 회는 아일랜드정부법(Government of Irish Act)의 제정을 통해 아일랜드섬을 영국의 식민지로 두면서 남북아일랜드를 분단하는 결정을 내렸다. 1921년 아일랜드-영국의 전쟁을 종료하는 '영국-아일랜드조약'을 통해 아일랜드와 영국은 영국연방 내에서 아일랜드의 자치권을 허용하는 아일랜드자유국의 건설에 동의했지만, 북아일랜드에게는 아일랜드자유국에서 탈퇴할 수 있는 권한이 부여된 것이다.

4. 탈분단 평화과정의 제도화: 아일랜드섬의 평화체제

1922년 아일랜드섬의 분단 이후 남북아일랜드의 국경과 북아일랜드 내부에서는 무장투쟁을 포함한 갈등이 전개되었다. 특히 '아일랜드공화군(Irish Republican Army, IRA)'은 아일랜드섬의 통일을 목표로 무장투쟁을 전개하곤 했다. 아일랜드섬의 갈등의 현장인 북아일랜드에서 주요한 갈등은 두 축으로 구성된다. 한 축은 자신을 영국인으로 생각하고 북아일랜드가 영국의 일부라고 주장하는 인구의 약 60%를 차지하는 개신교도 '합병주의자'이고, 다른 축은 인구의 약 40%를 자치하고 자신을 아일랜드인이라 생각하면서 통일아일랜드를 추구하는 가톨릭교도 '민족주의자'로 두 축은 대립한다.

민족주의자 내부에도 정치적 균열이 존재한다. 민족주의자 가운데는 폭력의 사용에 반대하지 않는 급진적 세력인 '공화주의자(republicans)'가 있다. 공화주의자가 민족주의자라면, 모든 민족주의자가 공화주의자는 아니다. 민족주의자와 공화주의자 모두 아일랜드섬의 분단이 영국에 의해 비민주적으로 부과된 것으로 생각하지만, 민족주의자들은 공화주의자와 달리 영국을 중립적 행위자로 간주하고, 공화주의자의 폭력투쟁이 아일랜드섬의 통일을 성취하는 데 부정적이라고 생각한다. 그리고 평화과정에서 드러나는 것처럼, 민족주의자들은 아일랜드공화국정부와 정치적 견해를 같이하곤 한다. 북아일랜드에서 민족주의자는 '사회민주노동당'으로 대표된다. 공화주의자들은, 무장투쟁 조직인 IRA와 '우리 스스로'란 아일랜드어 이름을 가진 정당인 '신페인(Sinn Féin)'으로 대표된다. 공화주의자들은 아일랜드섬의 분단을 인정하지 않으며 영국의 철수와 통일아일랜드를 지향한다.

합병주의자 내부에도 정치적 균열이 존재한다. 폭력을 포함한 군사적 방법을 지지하는 세력은 합병주의자이면서 동시에 영국여왕에 충성을 다하는 극단적인 '충성파(loyalists)'로 불린다. 합병주의자는 아일랜드섬의 분단이 민주적으로 이루어졌고, 분단은 아일랜드섬 남부가 영국으로부터 분리하면서 발생했다고 생각한다. IRA가 북아일랜드에 대한 위협이기 때문에 가톨릭교도들에 대한 차별은 정당하다고 주장한다. 북아일랜드가 영국의 일부로 존재해야 한다고 생각하는 합병주의자들은 헌법에서 아일랜드섬 북부에 대한 영토적 권리를 주장했던 아일랜드 공화국에 대해서도 부정적이다. 합병주의자는, 중도우파 정당인 UUP(Ulster Unionist Party)와 보수주의 정당인 DUP(Democratic Unionist Party)를 통해 정치적으로 대표된다.

아일랜드섬에서 첫 번째 '평화과정'은 1970년대 초반 시작되었다. 1972년 1월 북아일랜드의 런던데리(Londonderry)에서 가톨릭 시위대에 대한 영국군의 무력진압으로 13명의 시민이 사망하는 '피의 일요일(Bloody Sunday)' 사건이 발생했다.

1972년 3월 영국정부는 북아일랜드 의회를 정지시키고, 북아일랜드를 영국의회의 직접 통치 지역으로 바꾸었다. 1972년 7월에는 IRA가 북아일랜드의 수도 벨파스트에서 감행한 폭탄공격으로 9명이 죽고 130명이 부상하는 '피의 금요일(Bloody Friday)' 사건이 발생했다. 북아일랜드의 갈등이 폭력으로 비화되자 영국 정부는 갈등의 조정을 위해 북아일랜드의 민족주의자를 포섭하고자 했다. 북아일랜드 의회의 몰락은 민족주의자 내부에 정치적 협상과 개혁을 추구하는 입헌적 민족주의자와 혁명과 통일공화국을 위해 싸우는 공화주의자의 분열을 만들고 있었다. 영국정부는 1972년 10월 토론용 문건(Green Paper, 녹서)을 발표하면서 아일랜드섬의 평화과정을 제안했다.

평화과정의 핵심 의제는, 경쟁하는 정치사회 세력들의 '권력공유(power sharing)'였다. 1973년 3월 영국정부는 녹서에 대한 다양한 정치사회 세력들의 토론을 기초로 백서를 발표했다. 백서의 핵심 내용은, 영국의 중앙정부로부터 권한을 이양받은 '북아일랜드 의회'와 권력을 공유하는 '행정부'의 구성 그리고 아일랜드 문제를 다루는 남북아일랜드의 대표들로 구성된 '아일랜드평의회(Council of Ireland)'의 건설이었다. IRA는 반대 캠페인을 지속했지만, 1973년 12월 영국정부, 아일랜드공화국정부, 북아일랜드 행정부에 참여한 정당들은 북아일랜드 밖 영국 땅인 써닝데일에서 평화협정에 합의했다. 써닝데일 합의는, 갈등 행위자들의 '화해'를 원칙으로, 북아일랜드의 헌법적 지위, 아일랜드 평의회의 역할, 테러리즘과 관련된 안보문제의 협력 등을 담고 있었다. 이 세 의제 모두 쟁점이었다.

아일랜드공화국 헌법 2조는 아일랜드공화국의 영토를 "전체 아일랜드섬과 그 부속도서 및 영해"로 규정하고 있었다. 즉 아일랜드공화국 헌법 2조에 따르면 북아일랜드는 아일랜드공화국의 영토였다. 물론 3조에서는, 관할권을 남아일랜드로 제한하고 있었다. 아일랜드공화국 헌법 2조에 반대하는 합병주의자는 북아일랜드를 영국의 일부로 인정할 것을 요구했고, 아일랜드공화국은 헌법개정이 국내적 반대에 부딪히자, 북아일랜드인의 다수가 통일을 원할 때까지는 북아일랜드의 현재 지위가 유지될 것이라는 선언을 했다. 영국정부는 북아일랜드인의 다수가 원할 때까지라는 표현에 동의하면서도 북아일랜드가 현재는 영국의 일부임을 명확히 했다.

써닝데일 합의는, 합의 직후인 1974년 5월 파기되었다. 남북아일랜드의 협력이 기능주의적 협력에 국한되었지만, 합병주의자와 민족주의자 모두 이 협력을, 서로 다른 평가를 내리고 있었지만, 아일랜드섬의 통일로 나아가는 전 단계로 인식했다. 합병주의자에게 써닝데일 합의는 '흡수'를, 민족주의자에게는 '기회'를 의미했다. 1974년 3월 UUP는 아일랜드공화국 헌법 2조와 3

조의 개정을 요구하면서 합의에 대한 지지를 철회했다.

아일랜드섬의 두 번째 평화과정은, 1980년대 중반부터 시작되었다. 1981년부터 시작된 IRA 정치범들의 '단식투쟁'으로 10명이 감옥에서 사망했다. 이 사건을 계기로 북아일랜드는 거의 '내전'에 버금가는 갈등을 겪게 되었다. 동시에 IRA의 정치적 대표인 공화주의 정당 신페인당에 대한 선거에서의 지지도 확대되었다. 또한 국제적 수준에서도 IRA와 신페인당이 정치적 탄압의 피해자라는 인식도 확산되었다. 1985년 11월 영국과 아일랜드는 '영국-아일랜드협정'을 체결했다.

영국-아일랜드협정이 체결되기 전인 1983년 아일랜드섬의 민족주의적 정당들의 포럼은 민족주의적 목표를 성취하기 위해 입헌적, 평화적 투쟁에 기초한 공동의 발의를 한 바 있다. 이 포럼은 1984년 보고서에서, 북아일랜드 문제의 해결을 위해, '통일아일랜드', '아일랜드공화국과 영국의 공동 권위체', '연방적(federal) 길' 등의 선택지를 제시했다. 합병주의자와 영국정부는 세 대안을 모두 거부했다.

영국-아일랜드협정의 핵심 내용은, 두 국가가 테러리즘에 대한 협력을 강화하는 것과 북아일랜드 문제에 대한 아일랜드공화국정부의 '협의 역할'을 인정한 것이었다. 양국 정부는 북아일랜드 지위의 어떠한 변화, 즉 아일랜드섬의 통일은, 북아일랜드 주민 다수의 동의가 있을 때만 있을 수 있는 일로 합의했다.

이 협정에 대한 합병주의자와 민족주의자의 해석은 달랐다. 합병주의자들은 영국이 장기적으로 북아일랜드에서 철수하기 위해 역진이 불가능한 장치를 만들었다고 생각한 반면, 민족주의자들은 보다 강력한 아일랜드적 관점이 도입되면서 합병주의자들이 권력 공유를 둘러싼 협상에 참여할 수 있게 하는 강압적 계기가 되었다고 주장했다. 민족주의자들은 이 협정을 환영했고 공화주의자들도 공식적으로는 반대했지만 영국정부와 협상할 수 있는 기회가 생긴 것으로 인식했다고 한다. 외부 세력인 미국은 하원에서 영국-아일랜드협정을 거의 만장일치로 지지했고, 영국에서도 비슷한 지지가 나왔다.

1993년 영국정부와 아일랜드공화국정부는, 북아일랜드에 거주하는 아일랜드인의 자결권 인정, 평화과정의 추진, IRA의 무장해제를 전제로 신페인을 평화협상에 참여시키기는, '다우닝가선언'에 합의했다.

1994년 8월 IRA의 정전선언은, 갈등 당사자들의 의견이 수렴될 수 있는 계기를 제공했다. 같은 해 10월 합병주의자와 충성파의 준군사단체도 정전을 선언했다. 이후 영국 정부와 아일랜드공화국정부는 북아일랜드의 제 정당이 참여하는 협상과 무장해제를 동시적으로 추진했다. 1995년 미국 클린턴행정부의 북아일랜드 특사였던 미첼(G. Mitchell) 전 상원의원은 '미첼위원회' 보고서를 통해 '민주주의'와 '비폭력'을 평화과정의 원리로 제시했다. 무장해제와 관련하여서는 모든 정당들의 대화 이전에 무장해제가 이루어지는 것이 아니라 대화의 기간 동안 무장해제가 이루어지는 것으로 타협이 이루어졌다. 그러나 1996년 2월 IRA는 정전을 파기하고 무장투쟁을 감행했고, 영국정부와 아일랜드공화국정부는 다시금 IRA에 정전을 요구했지만, 미첼위원회가 제시한 타협안을 수정하지는 않았다. 즉 IRA가 정전선언을 하게 되면, 신페인은 협상에 참여할 수 있었다.

1997년 5월 영국에서 정권교체가 발생했다. 상대적으로 아일랜드섬의 민족주의적 노선에 우호적이었던 '노동당정부'는 보수당정부가 추진하던 평화과정을 촉진시키고자 했다. 노동당정부는 다시금 IRA에게 정전을, 합병주의자에게는 협상에 참여할 것을 요구했다. 만약 수용되지 않았다면, 평화과정은 다시금 붕괴되었을 것이다. 1997년 7월 IRA는 제2차 정전선언을 했다. IRA가 정전선언을 하자 합병주의자들의 선택이 주목의 대상이었다. 합병주의자들은 협상에 참여하지 않았을 때, 영국정부와 아일랜드공화국정부가 강제로 갈등조정을 하는 것에 두려움을 느끼고 있었고, 결국 IRA의 무장해제가 이루어지지 않았음에도 불구하고 1997년 9월 협상에 참여하는 결단을 내렸다. 그리하여 75년 만에 처음으로 합병주의자들은 신페인과 협상테이블에 앉게 되었다.

미국의 미첼은 중재자일 뿐만 아니라 실제 다당협상에서 공동의장직을 수행했다. 중재자로서 갈등 해결의 정식을 제공하는 것이 아니라 행위자들이 정치적 위기에 직면했을 때 탈출할 수 있도록 핵심 원칙과 권고를 담은 '고압산소방'을 제공하는 것이 그의 임무였다고 평가된다. 준군사조직의 무장해제가 이루어지지는 않은 상황에서 행위자들에게 비폭력을 하나의 원칙으로 제시했다. 극단에 맞서 '중앙의 연합'을 건설하려던 미첼의 개입은, 불편부당함을 통해 쌓은 신뢰를 바탕으로, 20개월에 걸친 협상이 1998년 6월경에 마무리될 가능성이 있자, '시한'을 부활절 이전으로 정하는 방식에서 절정에 달했다. 북아일랜드에서 반복되던 폭력의 시기가 다가오기 전에 협상을 끝맺으려는 것이었다. 그것은 미첼의 표현처럼 단 한 번의 도약이었고, 결국 이 도약은 성금요일협정으로 막을 내렸다.

1998년 4월 10일, 무장해제에 대해서는 '건설적 모호성'을 가진 평화체제인 '성금요일협정(Good Friday Agreement; Belfast

Agreement)'에 영국과 아일랜드공화국정부 그리고 DUP를 제외한 주요 정당들이 합의했다. 첫 번째 내용은, 북아일랜드가 영국의 일부로 남을 것인가 아니면 통일아일랜드가 될 것인가는 북아일랜드 주민 다수의 선택으로 이루어진다는 것이었다. 그리고 통일아일랜드를 향한 정당한 희망이 존재하기는 하지만 현재의 북아일랜드의 지위는 영국의 일부라는 내용도 포함되었다. 그리고 합병주의자들이 문제로 제기했던 아일랜드공화국 헌법 2조와 3조의 개정에 대한 합의가 이루어졌다. 제도적인 측면에서는, 영국정부로부터 권력을 점진적으로 이양 받는 북아일랜드 의회 및 자치 정부, 남북아일랜드의 협력을 위한 남북아일랜드 각료평의회, 영국과 아일랜드공화국의 협력을 위한 영국-아일랜드공화국 위원회 구성 등이 합의사항이었다.

성금요일협정 직후, 북아일랜드와 아일랜드공화국에서는 국민투표를 통해 이 평화협정을 승인했다. 특히 아일랜드공화국 국민투표에서는 아일랜드섬 전체를 아일랜드공화국의 영토로 규정한 헌법 2조를 아일랜드섬에서 태어난 개인은 '아일랜드민족(Irish nation)'의 구성원이라는 내용으로 개정하는 안이 통과되었다. 기존의 영토에 기초한 민족에서 공통의 정체성을 담지한 민족으로 전환하는 내용을 담은 헌법개정이었다. 3조는 아일랜드섬의 통일이 '평화적 방법으로만' 이루어져야 한다는 것과 통일을 위해서는 남북아일랜드 주민 다수의 동의가 필요하다는 전제조건이 담겼다. 아일랜드공화국 헌법의 개정은 평화체제를 통일의 전 단계로 설정하는 것에 반대하는 합병주의자들의 의견이 반영된 것이었다. 그리고 사실상 북아일랜드가 영국의 일부임을 법적으로 인정한 조처이기도 했다.

북아일랜드의 갈등을 전환시킨 성금요일협정을 관통하는 정치철학적 기초는 '협의주의(consociationalism)'였다. 협의주의는 승자독식을 배제하고 권력의 분점을 추구하는 철학적, 정치적 원리다. 특히, 다양한 정치적 균열구조를 가지고 있는 유럽의 소국들에서 정착된 원리로, 공동다수의 지배를 가능하게 하는 대연정과 같은 제도들이 협의주의의 실행에 있어 주요한 역할을 하게 된다. 한반도에서도, 평화체제가 의제화된다면, 탈식민적 평화과정을 주도하는 개념의 발명이 필요할 것이다.

성금요일협정에서는, 북아일랜드 자치 정부에 합병주의자와 민족주의자가 권력을 공유하는 제도적 장치를 고안했다. 이 자치 정부에는 공화주의를 대표하는 신페인도 참여를 했다. 가장 급진적인 갈등 세력을 포용하면서, 갈등을 전환시킨 사례라고 할 수 있다. 물론, 성금요일협정을 아일랜드섬 공화주의의 죽음으로 보는 시각도 존재한다. 성금요일협정 이후, 협정에 참여하지 않은 합병주의자 DUP의 협정반대 운동과 폭력적 갈등의 기간을 거친 후, 2005년 무장 갈등 세력인 IRA도 무장해제를 선언하면서 북아일랜드 내부의 갈등은 전환된 것처럼 보인다. IRA의 무장해제 이후, 2006년 10월 영국과 아일랜드공화국 그리고 북아일랜드의 제 정당들은 성금요일협정의 실행을 위한 '세인트앤드루스협정(Agreement at St. Andrews)'을 체결했다. 이 협정에는 성금요일협정에 반대했던 DUP도 서명하면서, 아일랜드섬 평화과정에 갈등의 주요 행위자들이 참여하게 되었다. 2007년부터 북아일랜드 의회가 재개되었고, 북아일랜드 행정부가 기능하기 시작했다.

5. 결론: 갈등 전환 이후의 평화과정

첫째, 전환적 접근이 추구하는 평화적 방법에 의한 평화의 기본공식은, 태도에서 공감, 행위에서의 비폭력, 모순에서의 창조성으로 요약된다. 아일랜드섬에서는 비폭력의 실행을 조건으로 신페인과 충성파에 가까운 DUP를 갈등의 주체로 인정하고 협상에 참가시켰다. 그리고 통일아일랜드를 지향하는 민족주의자와 영국의 일부이기를 원하는 합병주의자의 이해를 충족시킬 수 있는 북아일랜드의 미래, 자치의 제도화를 설계했다. 둘째, 평화적 방법에 의한 평화에 대한 갈등 당사자들의 동의가 이루어져야 한다. 아일랜드섬에서는 IRA와 충성파의 준군사조직의 정전선언 및 무장해제가 평화협상과 함께 진행되면서 갈등 당사자들은 평화협정에 도달할 수 있었다. 특히 IRA와 충성파 준군사조직의 무장해제는 아일랜드섬의 평화체제를 만들었던 성금요일협정 이후에도 완료되지 않은 상태였다.

평화과정의 네트워크는, 전환론자들의 주장처럼 행위자의 전환, 쟁점(issue)의 전환, 규칙(rule)의 전환, 구조(structure)의 전환을 담지해야 한다. 즉, 행위자 네트워크 이론의 초점이 형태 변환에 있다면, 갈등전환론은 그 내용이 무엇인지를 지칭한다. 내용과 형태의 측면에서 구성된 갈등전환론과 네트워크 은유가 작동할 때 염두에 두어야 할 것은, 마치 수인의 번민 게임처럼 작동하는 행위자들의 관계이다. 갈등의 골이 깊을수록 배신이 지배적인 전략일 수밖에 없는 게임에서, 의제의 설정, 협상의 형태, 합의의 단계, 합의의 내용, 합의의 실행과 같은 전술적 문제도 네트워크의 이행과정에서 정교하게 고려되어야 한다. 그리고 평화협정 이후의 평화과정에서도 합의의 역진을 방지하기 위해서는, 즉 지속가능한 평화를 만들어가기 위해서는, 심리적, 경제적, 정치적, 영성적 차원 등 사회 제 수준에서의 '미시적' 평화과정이 고려되어야 한다. 즉 가시적 갈등의 종언으로 갈등이 해결되는 것이 아니라, 평화의 제도화가 이루어졌을 때 잠재화의 길을 갈 수밖에 없는 갈등을 '또' 전환시키기 위해서는, 기입된 미래의 기억을 실행하는 네트워크를 작동시킬 수 있어야 한다.

갈등의 전환 이후 평화과정도 북아일랜드에서는 논쟁의 주제 가운데 하나다. 성금요일협정 이후에도 사회적 장벽은 작동하고 있다. 아일랜드섬 전체로는 소수지만 북아일랜드에서는 다수인 합병주의자들은 성금요일협정 이후 그들이 포위되었다고 느끼기도 한다. 특히 공화주의자인 신페인이 자치 정부 참여하면서 그들의 특권적 지위가 상실될 것을 우려하고 있다. 민족주의 세력도 소수파로서 성금요일협정 이후 교육과 경제의 측면에서 이득을 얻었지만, 폭력이나 법체계의 미비로 위협을 받고 있다고 생각하고 있다.

협의주의는 적대적 정체성의 통합보다는 갈등 행위자들의 '분리' 또는 자율성을 선호한다. 성금요일협정에 나타나듯, 엘리트의 권력 공유 또는 권력 분점이 강조되는 것도 협의주의의 전통이다. 협의주의의 실현을 위한 제도로는, 연정, 비례대표, 상호 거부권(mutual veto) 등이 언급된다. 성금요일협정은 이 제도들을 갖추고 있다. 성금요일협정에 이르는 과정에서 중앙파적인 온건 합병주의 정당과 민족주의 정당이 주도적 역할을 했지만, 결국 이념의 극단에 있는 정당들이 부상했다. 즉 분파주의적 양극화를 전환시킬 수 있는 접근이 결여된 상태에서, 이념의 중앙이 퇴조하고 이념의 극단이 부상하게 된 것이다.

성금요일협정의 실행 과정에서 갈등전환을 위한 시민사회적 접근이 부각되는 이유도 이 때문이다. 핵심은, 갈등전환론에서 언급한 것처럼 공동의 미래를 기억하며 분파주의적으로 양극화된 두 공동체를 가로지르며 공동의 이해관계를 가지는 시민사회 만들기다. 이것이 바로 시민사회 수준에서의 평화만들기라 할 수 있다.

분쟁의 심층 / 이찬수

고모리 요이치, 배영미 옮김, 『인종차별주의』, 푸른역사, 2015.

르네 지라르, 김진식 옮김, 『폭력과 성스러움』, 민음사, 2000

마사 너스바움, 조계원 옮김, 『혐오와 수치심』, 민음사, 2015.

마이클 왈저, 유홍림 외 옮김, 『전쟁과 정의』, 인간사랑, 2009.

미셸 푸코, 심재광 외 옮김, 『정신의학의 권력』, 난장, 2014.

베네딕트 앤더슨, 윤형숙 옮김, 『상상의 공동체』, 나남출판, 2002.

부르스 링컨, 김윤성 옮김, 『거룩한 테러』, 돌베개, 2005.

에릭 에릭슨, 송제훈 옮김, 『유년기와 사회』, 연암서가, 2014.

이찬수, 『평화와 평화들: 평화다원주의와 평화인문학』, 모시는사람들, 2016.

李贊洙, "平和はどのように成り立つのか: 減暴力と平和構築", 『リーラー』第10卷, 2018.

존 폴 레더락, 김동진 옮김, 『평화는 어떻게 만들어지는가』, 후마니타스, 2012.

한나 아렌트, 박미애 외 옮김, 『전체주의의 기원1』, 한길사, 2006.

Dower, John, *War Without Mercy: Race and Power in the Pacific War*, New York: Pantheon Books, 2012.

Friberg, Mats, "The Need for Unofficial Diplomacy in Identity Conflict", Tonci Kuzmanic & Arno Truger eds., *Yugoslavia Wars* (Ljubljana: Peace Institute Ljubljana, 1992)

Mead, Margaret, *And Keep Your Powder Dry*, New York: William Morrow & Company, 1942.

보스니아 내전, 냉전 종식이 불러온 새로운 전쟁 / 김철민

김철민, 『보스니아 역사: 무슬림을 중심으로』, 한국외국어대학교출판부, 2005.

_____, 『국제난민 이야기: 동유럽 난민문제를 중심으로』, 살림출판사, 2012.

_____, 『종교와 문화의 모자이크, 발칸: 역사적 함의와 진실』, HUFS Books, 2014.

_____, 『(문화와 사회로) 발칸유럽 들여다보기』, HUFS Books, 2016.

마크 마조워 저, 이순호 역, 『발칸의 역사』, 을유문화사, 2014.

이보 안드리치 저, 정근재 역, 『보스니아 종교 문화사』, 문화과학사, 1998.

이종헌, 『낭만의 길, 야만의 길, 발칸 동유럽 역사 기행』, 소울메이트, 2012.

국제사회와 이스라엘/팔레스타인 분쟁 / 홍미정

홍미정, 『팔레스타인 땅, 이스라엘 정착촌』, 서경, 2004.

_____, 『21세기 중동 바르게 읽기: 재설정되는 국경』, 서경문화사, 2016.

홍미정·서정환, 『울지마, 팔레스타인』, 시대의 창, 2014.

홍미정·마흐디 압둘하디, 『팔레스타인 현대사: 무엇이 문제인가』, 서경문화사, 2018.

Mahdi Abdul Hadi, 2001, *100 years of Palestinian History*, PASSIA, Jerusalem.

21세기 최악의 참극, 시리아 전쟁 / 김재명

구니에다 마사키, 『시리아 : 아사드 정권의 40년사』, 한울아카데미, 2012.

김재명, 『오늘의 세계분쟁』, 미지북스, 2015.

_____, 『시리아전쟁 : 21세기 지구촌의 최대 유혈분쟁』, 내 인생의 책, 2018.

Nikolaos van Dam, 『Destroying a Nation: The Civil War in Syria』, 2017.

포스트소비에트 지역 분쟁 / 이문영

구자정, 「역사적 관점에서 바라본 우크라이나 사태의 이해」, 『내일을여는역사』, 도서출판 선인, 2014.

우평균, 「유라시아 분쟁에서 러시아의 개입: 조지아 전쟁과 우크라이나 사태」, 『국제정치연구』 17집 2호, 2014.

유철종, 「우크라이나 사태, 그리고 푸틴을 위한 변명」, 『관훈저널』 132, 2014.

장덕준, 「우크라이나 위기와 신푸틴 독트린의 등장」, 『2014 Russia Report』, 2015.

정재원, 「우크라이나 사태: 서구의 세계 지배 전략과 체제전환기 국가 민중의 불가피한 선택」, 『시민과세계』 25. 2014.

즈비그뉴 브레진스키 지음, 김명섭 옮김, 『거대한 체스판: 21세기 미국의 세계전략과 유라시아』, 삼인, 2007.

한정숙, 「역사서술로 우크라이나 민족을 만들어내다: 흐루셰프스키의 『우크라이나의 역사』와 우크라이나 정체성」, 『러시아연구』 제24권 2호, 2014.

허승철, 『우크라이나 현대사 1914-2010』, 고려대학교 출판부, 2011.

홍완석, 「2014 우크라이나 사태의 국제정치적 함의와 한반도」, 『슬라브연구』 30권 2호, 2014.

Вебер А. и др. *Союз можно было сохранить*. М.: 1995.

Воронович, А. "Большевизм и национальный вопрос." *Отечественные записки*. No.1. 2012.

Каганский, В. "Украина: география и судьба страны." *Неприкосновенный запас*. No.1(9), 2000.

"Как Крым вошел в состав России: хроника событий." *Аргументы и факты*. 16 марта 2015.

Лукьянов, Ф. "Крым на весь мир." *Россия в глобальной политике*. 24 марта 2014.

Макарычев, А. "Генеалогия анархии, семантика реванша Россия глазами заруежных экспертов." *Неприкосновенный запас*. No.3(95). 2014.

"Украина: хроника евразийского раскола." *ТАСС*.

Хлынина, Т. и И. Васильев. "Украинизация: между большой политикой и текущими задачами советского строительства." *European Researcher*. No.6(9). 2011.

Яковенко, И. "Украина и Россия: сюжеты соотнесенности." *Вестник Европы*, No.16. 2005.

Cabestan J. P. and A. Pavkovic eds., *Secessionism and Separatism in Europe and Asia: To have a state of one's own*. London & New York; Routledge, 2013.

Hale, H. E. *The Foundations of Ethnic Politics: Separatism of States and Nations in Eurasia and the World*. New York: Cambridge University Press, 2008.

Plokhy, S. "The Ghost of Pereyaslav: Russo-Ukrainian Historical Debates in the Post-Soviet Era." *Europe-Asia Studies*. 53(3). 2001.

Plokhy, S. "The History of a "Non-historical" Nation: Notes on the Nature and Current Problems of Ukrainian Historiography." *Slavic Review*. 54(3). 1995.

사진 출처

97쪽: 김재명 촬영
100쪽: 유니세프한국위원회 제공
102쪽: 유니세프 한국위원회 제공

117쪽: 다큐 '시리아의 비가'
190쪽: https://commons.wikimedia.org/wiki/File:Bk-map.png
199쪽: 김철민 촬영
208쪽: 김철민 촬영
218쪽: 김철민 촬영

[기타]

서울대학교 통일평화연구원 평화교실 08

세계의 분쟁: 평화라는 이름의 폭력들

등　록　1994.7.1 제1-1071
1쇄 발행　2019년 7월 31일

기　획　서울대학교 통일평화연구원 HK평화인문학연구단
지은이　이찬수 홍미정 김재명 김영미 이문영 김철민 구갑우
펴낸이　박길수
편집장　소경희
편　집　조영준
관　리　위현정
디자인　이주향
마케팅　조영준
펴낸곳　도서출판 모시는사람들
　　　　03147 서울시 종로구 삼일대로 457(경운동 수운회관) 1207호
　　　　전화 02-735-7173, 02-737-7173 / 팩스 02-730-7173
　　　　홈페이지　http://www.mosinsaram.com/
인　쇄　천일문화사(031-955-8100)
배　본　문화유통북스(031-937-6100)

값은 뒤표지에 있습니다.
ISBN　979-11-88765-52-2　94300
SET　979-11-86502-45-7　94300

이 도서의 국립중앙도서관 출판예정도서목록(CIP)은 서지정보유통지원시스템
홈페이지(http://seoji.nl.go.kr)와 국가자료공동목록시스템(http://www.nl.go.kr/
kolisnet)에서 이용하실 수 있습니다.(CIP제어번호: CIP2019024674)

이 교재는 2019 통일부 통일교육선도대학 사업의 지원을 받아 제작되었음